星ひとみの天星術
2024

太陽グループ

真昼

MIDDAY

Star Eyes

HITOMI HOSHI

Happy Message

良い言葉から幸せが舞い込み

あなたの笑顔が光となる

スピードと直感
独自のセンスで未来を描く
“真昼”のエネルギー

誰にも負けないパワーを秘めて
ただただ純粋に

やりたいと感じたことには真っ直ぐで
不可能と思えば不可能になり

心により左右される

何かを変化させたいのなら
生まれ変わるよりも
あなたの感情をコントロール

常に頭が動いていて
時間が足りない
そう感じることもある

走り続けなくてもいい
ときにゆっくり歩けばいい

手を抜くのではなく
少しだけ肩の力を抜いてみる

ときに自分が嫌いになったのならば

心を込めて
丁寧に
自分自身を洗い流し
いい匂いで包まれてみて

自分と向き合えた時間は糧になり
あなたの心を癒していく

生かされてる今を大切に
自分をもっと大切に

焦らずに
ゆっくりと息を吸う

あなたの人生は
あなただけのもの

限られたとき
生かされている今

あなたはどう生きるか生きたいか

心の向くままに
道がないのなら作ればいい

自分に優しくなれたとき
ゆっくりと
あなたも周りにも幸せの光が降り注ぐ

今日も"大丈夫"

PROLOGUE

★ はじめに ★

皆様こんにちは、星ひとみです。

『星ひとみの天星術2024』を手にしていただき
またお会いできたことをうれしく思います。

この時代に皆様と出会い
天星術を通じ、つながることができた今に
心から感謝いたします。

この1年があっという間に過ぎたように感じた方も
逆に長かったなと感じた方もいるでしょう。

人生を満喫するために、生きるために。

笑ったり、怒ったり
挑戦したり、悩んだり。

なぜ自分だけがこのような目に遭うのかと
ときに苦しみ、前に進めなかった人も——。

心、生き方、歩む道のり。
人生に決めつけはなく
災いは回避し
苦しみは手放すことができる——。
私はそう信じています。
そして
あなたを照らす“光”はちゃんとある。

昨年に続き今年も、少しでも皆様の支えとなれるように
長い時間をかけて仕上げさせていただきました。

私のオリジナル鑑定法の「天星術」にも
生命の“光”が宿り
毎年少しずつ、ゆっくりと成長し、時代に合わせ、
私たちと一緒に動いています。

自分はダメだと決めつける必要はなく、
“影”や“リセット”の月でも、怖がる必要はありません。

自分の運命、
自分のリズム。

そして“光と影”。

あなたの今がどんな流れ《リズム》なのかを読みとり
一緒に進んでいきましょう。
私たちは生まれた瞬間に、星と光のエネルギーを受けて
それぞれの流れ《リズム》を授かります。

エネルギーは、月、地球、太陽の3つの天室に分かれ
「天星術」では、1つの天室を、さらに4つの天星に分けて見ています。

月グループは、満月、上弦の月、下弦の月、新月。
地球グループは、空、山脈、大陸、海。
太陽グループは、朝日、真昼、夕焼け、深夜。

PROLOGUE

天星には、それぞれナンバーがあり、あなたの星を知ることができます。
また、あなたの生まれた年で、運気が「赤」と「白」に分かれ、
2024年は、さらに深く運気を知ることができます。

中身を少し具体的に紹介しますと、
まずは、あなたの性格についての最新版トリセツ。
開運キーワード、12天星別の相性をお伝えするページから始まります。

次に、1年間という大きな視点で捉えた、2024年の運気や、
グラフで示した運気バイオリズム、
月ごとの開運メッセージと開運行動、天星ナンバー別の「赤」と「白」に分かれたお言葉、
さらに運気を、1日1日という点で捉えた毎日のメッセージがあります。

特に、全部で12ある天星をさらに細かく見て、
今年、今月のあなたがどんなリズムをもっているのか、
皆様の天星ナンバーの「赤」と「白」別に占っておりますので、
【2024年 天星ナンバー別の運気】【天星ナンバー別 今月のお言葉】に、
注目してみてください。

このように、あらゆる角度から運気を読むことで、
「今がどんな時期か――光なのか影なのか」「どんなことをすると幸せを感じられるか」
また「どんなことに気をつけたら不運を回避できるか」を分析することができます。

どこを読んでも、人生の“今”のヒントとなる言葉に出会えますように。

後半ページでは、「他の天星のプロフィール」も載せています。
自分を知り、相手を理解できたとき、素晴らしい関係となれるように
家族、お友達、仕事仲間、そして気になる人との付き合い方の参考にしてください。
まずは難しく考えず、肩の力を抜いてみましょう。

誰もが幸せになるチャンスがあります。
決して諦めなくていい。

あなたが幸せになるための
“キッカケ”となれたなら幸いです。

12天星別『星ひとみの天星術2024』
今日からあなたのお守りに。

皆様の1年が幸運の光につつまれますように。

自分を知り
今のリズムを知る
あなたの心に光を

天のエネルギー
星のエネルギーを“贈り”ます。

“あなたは大丈夫”

星ひとみ

CONTENTS

ASTROLOGY

天星術について

★ ★ ★

「天星術」は、中国に古くから伝わる東洋占星術をベースに、
さまざまな統計学や人間科学、心理的要素などを取り入れて作り上げた、
星ひとみによるオリジナル鑑定方法です。
時代とともに変化する“今”に合わせ、
進化させるべく研究を続けてきました。
生まれた日のエネルギーが、
月、地球、太陽のどのエネルギーの影響を受けているのか。
みなさんのエネルギーは、3つの天室に分かれ、
さらに4つの時星に導かれ、12の天星タイプとなっていきます。
「天星術」で読み解いていくことで、
過去にどんなことがあったのか、現在はどんな状況か、
そして未来がどうなっていくのかがわかります。
ただし大切なのは、**「天星術」は決して決めつけではない占術**である、ということ。
道がないことがわかれば、創ればいい。
壁にぶつかってしまうとわかれば、回避すればいい。
また、「天星術」は光と影、そのどちらも内包するもの。
光として出たのか、影として出たのか、
それを読みとれれば、自ら変えていくことができます。
失敗と感じても、
それは**未来に訪れる成功のために必要な失敗だった**、ということも。

未来をよりよくするために、占いをどう捉えて、どう動くのか。
あなたの心のもち方によって好転させることができる、
それが「天星術」です。

・天星術・

GROUP

月グループ

- 満月
- 上弦の月
- 下弦の月
- 新月

地球グループ

- 空
- 山脈
- 大陸
- 海

太陽グループ

- 朝日
- 真昼
- 夕焼け
- 深夜

HOW TO

あなたの天星の見つけかた

★★★

1 P.015から始まる **生年月表** を見て、あなたの生まれた年と月が交わる数字を探してください。

↓

2 その数字に、生まれた日の数字を足してください。その数字があなたの **天星ナンバー** です。

※合計した数字が61以上になる場合は、その数字から60を引いたものが天星ナンバーになります。

↓

3 P.014の **天星ナンバー対応表** を参照して、天星を見つけてください。

↓

4 生まれ年（西暦）の下ひとけたが偶数か奇数かを見て、赤か白かを確認します。

例
1995年4月20日生まれの場合
［生年月表］で1995年と4月が交わる数字は「58」。
「58」に生まれた日の「20」を足して「78」。
61以上になるので、60を引くと「18」。
［天星ナンバー対応表］を参照すると、「18」の天星は「夕焼け」。
生まれ年（西暦）の下ひとけたが奇数なので、「白」。

こちらでも！

CHECK!
あなたの天星は？

★ ★ ★

······· LINK **1**

生まれた年 ＿＿＿＿＿ 年と
生まれた月 ＿＿＿＿＿ 月が
生年月表 で交わる数字

······· LINK **2**

❶で出した数字 ＋ 生まれた日の数字 ＝ **天星ナンバー**

61以上の場合は、60を引いて

······· LINK **3**

天星ナンバー対応表 によると
あなたの天星は　　　の

例えば 「夕焼け」 の 「18」

······· LINK **4**

生まれ年の下ひとけたが
偶数 ···> 赤
奇数 ···> 白

あなたは　　　の　　　の　　　です。

例えば 「夕焼け」 の 「18」 の 「白」

★ 天星ナンバー対応表 ★

天星ナンバーも覚えておこう！

月グループ MOON	満月	4　10　33　39　45
	上弦の月	11　17　32　38
	下弦の月	2　3　8　41　47
	新月	14　20　23　26　29　36
地球グループ EARTH	空	6　43　49　54　55　60
	山脈	9　15　16　34　40　46
	大陸	1　5　50　53　56　59
	海	51　52　57　58
太陽グループ SUN	朝日	21　22　27　28
	真昼	7　42　44　48
	夕焼け	12　18　31　37
	深夜	13　19　24　25　30　35

★ 生年月表 ★

生まれ年	和暦	干支	1月	2月	3月	4月	5月	6月	7月	8月	9月	10月	11月	12月
1920	T9	申	54	25	54	25	55	26	56	27	58	28	59	29
1921	T10	酉	0	31	59	30	0	31	1	32	3	33	4	34
1922	T11	戌	5	36	4	35	5	36	6	37	8	38	9	39
1923	T12	亥	10	41	9	40	10	41	11	42	13	43	14	44
1924	T13	子	15	46	15	46	16	47	17	48	19	49	20	50
1925	T14	丑	21	52	20	51	21	52	22	53	24	54	25	55
1926	T15 /S1	寅	26	57	25	56	26	57	27	58	29	59	30	0
1927	S2	卯	31	2	30	1	31	2	32	3	34	4	35	5

★ 生年月表 ★

生まれ年	和暦	干支	1月	2月	3月	4月	5月	6月	7月	8月	9月	10月	11月	12月
1928	S3	辰	36	7	36	7	37	8	38	9	40	10	41	11
1929	S4	巳	42	13	41	12	42	13	43	14	45	15	46	16
1930	S5	午	47	18	46	17	47	18	48	19	50	20	51	21
1931	S6	未	52	23	51	22	52	23	53	24	55	25	56	26
1932	S7	申	57	28	57	28	58	29	59	30	1	31	2	32
1933	S8	酉	3	34	2	33	3	34	4	35	6	36	7	37
1934	S9	戌	8	39	7	38	8	39	9	40	11	41	12	42
1935	S10	亥	13	44	12	43	13	44	14	45	16	46	17	47
1936	S11	子	18	49	18	49	19	50	20	51	22	52	23	53
1937	S12	丑	24	55	23	54	24	55	25	56	27	57	28	58

★ 生年月表 ★

生まれ年	和暦	干支	1月	2月	3月	4月	5月	6月	7月	8月	9月	10月	11月	12月
1938	S13	寅	29	0	28	59	29	0	30	1	32	2	33	3
1939	S14	卯	34	5	33	4	34	5	35	6	37	7	38	8
1940	S15	辰	39	10	39	10	40	11	41	12	43	13	44	14
1941	S16	巳	45	16	44	15	45	16	46	17	48	18	49	19
1942	S17	午	50	21	49	20	50	21	51	22	53	23	54	24
1943	S18	未	55	26	54	25	55	26	56	27	58	28	59	29
1944	S19	申	0	31	0	31	1	32	2	33	4	34	5	35
1945	S20	酉	6	37	5	36	6	37	7	38	9	39	10	40
1946	S21	戌	11	42	10	41	11	42	12	43	14	44	15	45
1947	S22	亥	16	47	15	46	16	47	17	48	19	49	20	50

★ 生年月表 ★

生まれ年	和暦	干支	1月	2月	3月	4月	5月	6月	7月	8月	9月	10月	11月	12月
1948	S23	子	21	52	21	52	22	53	23	54	25	55	26	56
1949	S24	丑	27	58	26	57	27	58	28	59	30	0	31	1
1950	S25	寅	32	3	31	2	32	3	33	4	35	5	36	6
1951	S26	卯	37	8	36	7	37	8	38	9	40	10	41	11
1952	S27	辰	42	13	42	13	43	14	44	15	46	16	47	17
1953	S28	巳	48	19	47	18	48	19	49	20	51	21	52	22
1954	S29	午	53	24	52	23	53	24	54	25	56	26	57	27
1955	S30	未	58	29	57	28	58	29	59	30	1	31	2	32
1956	S31	申	3	34	3	34	4	35	5	36	7	37	8	38
1957	S32	酉	9	40	8	39	9	40	10	41	12	42	13	43

★ 生年月表 ★

生まれ年	和暦	干支	1月	2月	3月	4月	5月	6月	7月	8月	9月	10月	11月	12月
1958	S33	戌	14	45	13	44	14	45	15	46	17	47	18	48
1959	S34	亥	19	50	18	49	19	50	20	51	22	52	23	53
1960	S35	子	24	55	24	55	25	56	26	57	28	58	29	59
1961	S36	丑	30	1	29	0	30	1	31	2	33	3	34	4
1962	S37	寅	35	6	34	5	35	6	36	7	38	8	39	9
1963	S38	卯	40	11	39	10	40	11	41	12	43	13	44	14
1964	S39	辰	45	16	45	16	46	17	47	18	49	19	50	20
1965	S40	巳	51	22	50	21	51	22	52	23	54	24	55	25
1966	S41	午	56	27	55	26	56	27	57	28	59	29	0	30
1967	S42	未	1	32	0	31	1	32	2	33	4	34	5	35

★ 生年月表 ★

生まれ年	和暦	干支	1月	2月	3月	4月	5月	6月	7月	8月	9月	10月	11月	12月
1968	S43	申	6	37	6	37	7	38	8	39	10	40	11	41
1969	S44	酉	12	43	11	42	12	43	13	44	15	45	16	46
1970	S45	戌	17	48	16	47	17	48	18	49	20	50	21	51
1971	S46	亥	22	53	21	52	22	53	23	54	25	55	26	56
1972	S47	子	27	58	27	58	28	59	29	0	31	1	32	2
1973	S48	丑	33	4	32	3	33	4	34	5	36	6	37	7
1974	S49	寅	38	9	37	8	38	9	39	10	41	11	42	12
1975	S50	卯	43	14	42	13	43	14	44	15	46	16	47	17
1976	S51	辰	48	19	48	19	49	20	50	21	52	22	53	23
1977	S52	巳	54	25	53	24	54	25	55	26	57	27	58	28

★ 生年月表 ★

生まれ年	和暦	干支	1月	2月	3月	4月	5月	6月	7月	8月	9月	10月	11月	12月
1978	S53	午	59	30	58	29	59	30	0	31	2	32	3	33
1979	S54	未	4	35	3	34	4	35	5	36	7	37	8	38
1980	S55	申	9	40	9	40	10	41	11	42	13	43	14	44
1981	S56	酉	15	46	14	45	15	46	16	47	18	48	19	49
1982	S57	戌	20	51	19	50	20	51	21	52	23	53	24	54
1983	S58	亥	25	56	24	55	25	56	26	57	28	58	29	59
1984	S59	子	30	1	30	1	31	2	32	3	34	4	35	5
1985	S60	丑	36	7	35	6	36	7	37	8	39	9	40	10
1986	S61	寅	41	12	40	11	41	12	42	13	44	14	45	15
1987	S62	卯	46	17	45	16	46	17	47	18	49	19	50	20

★ 生年月表 ★

生まれ年	和暦	干支	1月	2月	3月	4月	5月	6月	7月	8月	9月	10月	11月	12月
1988	S63	辰	51	22	51	22	52	23	53	24	55	25	56	26
1989	S64/H1	巳	57	28	56	27	57	28	58	29	0	30	1	31
1990	H2	午	2	33	1	32	2	33	3	34	5	35	6	36
1991	H3	未	7	38	6	37	7	38	8	39	10	40	11	41
1992	H4	申	12	43	12	43	13	44	14	45	16	46	17	47
1993	H5	酉	18	49	17	48	18	49	19	50	21	51	22	52
1994	H6	戌	23	54	22	53	23	54	24	55	26	56	27	57
1995	H7	亥	28	59	27	58	28	59	29	0	31	1	32	2
1996	H8	子	33	4	33	4	34	5	35	6	37	7	38	8
1997	H9	丑	39	10	38	9	39	10	40	11	42	12	43	13

★ 生年月表 ★

生まれ年	和暦	干支	1月	2月	3月	4月	5月	6月	7月	8月	9月	10月	11月	12月
1998	H10	寅	44	15	43	14	44	15	45	16	47	17	48	18
1999	H11	卯	49	20	48	19	49	20	50	21	52	22	53	23
2000	H12	辰	54	25	54	25	55	26	56	27	58	28	59	29
2001	H13	巳	0	31	59	30	0	31	1	32	3	33	4	34
2002	H14	午	5	36	4	35	5	36	6	37	8	38	9	39
2003	H15	未	10	41	9	40	10	41	11	42	13	43	14	44
2004	H16	申	15	46	15	46	16	47	17	48	19	49	20	50
2005	H17	酉	21	52	20	51	21	52	22	53	24	54	25	55
2006	H18	戌	26	57	25	56	26	57	27	58	29	59	30	0
2007	H19	亥	31	2	30	1	31	2	32	3	34	4	35	5

★ 生年月表 ★

生まれ年	和暦	干支	1月	2月	3月	4月	5月	6月	7月	8月	9月	10月	11月	12月
2008	H20	子	36	7	36	7	37	8	38	9	40	10	41	11
2009	H21	丑	42	13	41	12	42	13	43	14	45	15	46	16
2010	H22	寅	47	18	46	17	47	18	48	19	50	20	51	21
2011	H23	卯	52	23	51	22	52	23	53	24	55	25	56	26
2012	H24	辰	57	28	57	28	58	29	59	30	1	31	2	32
2013	H25	巳	3	34	2	33	3	34	4	35	6	36	7	37
2014	H26	午	8	39	7	38	8	39	9	40	11	41	12	42
2015	H27	未	13	44	12	43	13	44	14	45	16	46	17	47
2016	H28	申	18	49	18	49	19	50	20	51	22	52	23	53
2017	H29	酉	24	55	23	54	24	55	25	56	27	57	28	58

★ 生年月表 ★

生まれ年	和暦	干支	1月	2月	3月	4月	5月	6月	7月	8月	9月	10月	11月	12月
2018	H30	戌	29	0	28	59	29	0	30	1	32	2	33	3
2019	H31/R1	亥	34	5	33	4	34	5	35	6	37	7	38	8
2020	R2	子	39	10	39	10	40	11	41	12	43	13	44	14
2021	R3	丑	45	16	44	15	45	16	46	17	48	18	49	19
2022	R4	寅	50	21	49	20	50	21	51	22	53	23	54	24
2023	R5	卯	55	26	54	25	55	26	56	27	58	28	59	29
2024	R6	辰	0	31	0	31	1	32	2	33	4	34	5	35

MIDDAY

真昼
プロフィール

あなたの性格に迫るとともに、
2024年の運気や開運色、
相性などもお伝えします。

Midday Profile

LIGHT

- □ 直感に優れスピード感がある
- □ 目的を達成するために一直線
- □ 心を開くとすぐに仲よくなる
- □ 情が深く、母性にあふれている

決断する月、努力が報われる月、吉凶混ざり引きが強い月にこの傾向が表れます

真昼の光と影

各天星タイプには、もともともっている性質があります。普段、表に出ているのが「光」の性質です。ただ、運気バイオリズムが崩れると「影」の性質が出てきます。

SHADOW

- □ 一方的に決めつけ、意見を聞かない
- □ 長続きせず短期決戦型
- □ 好きが爆発して、空回りする
- □ 空気が読めず、怒りっぽくなりがち

運気が低迷する月、八方塞がりになりやすい月、リセットの月にこの傾向が表れます

運気バイオリズム（P.034）が（光）と（影）のときに、上記のような性質がそれぞれ出てきます。

★真昼★

自由主義な行動派

基本性格

穏やかそうに見えますが、物事を先取りする直感やスピード感があり、考えるより先に行動する人。好き嫌いをハッキリと主張し、何事にも直球で短期決戦を好みます。いったん相手を信頼すると急激に距離を縮め、友達の輪をどんどん広げるなど、人との縁で自分を発展させられるタイプです。

真昼のトリセツ

⬆好きなこと・喜ぶこと

- 冒険や海外旅行
- 「さすが!」という言葉
- ベタなセリフ
- 自分に従ってくれる
- 高級品やブランド
- 努力する自分

⬇嫌がること・ストレスになること

- 自分のペースを崩される
- 待たされること
- 長期戦
- 優柔不断な人
- 細かく聞いてくる人
- 予定を把握されること

2024年の開運のカギ

やるといいこと	日常に運動を取り入れた健康な体づくり
気をつけるべきこと	感情的にならない。戦わない

2024年の開運相性

恋愛運を上げる天星	仕事運をのばす天星	金運をのばす天星
真昼 × 海	真昼 × 上弦の月	真昼 × 下弦の月

基本の開運色
橙色

2024年の開運色
茶色

2024年の開運アイテム
メガネ サングラス

2024年の開運スポット
鳥の鳴き声が聞こえる場所

天星タイプ別 基本の相性

組み合わせ	相性	組み合わせ	相性
真昼 × 満月	★★☆☆☆	真昼 × 大陸	★★☆☆☆
真昼 × 上弦の月	★★★★☆	真昼 × 海	★★★☆☆
真昼 × 下弦の月	★★★☆☆	真昼 × 朝日	★★★★☆
真昼 × 新月	★★★☆☆	真昼 × 真昼	★☆☆☆☆
真昼 × 空	★★★★★	真昼 × 夕焼け	★★☆☆☆
真昼 × 山脈	★★★★☆	真昼 × 深夜	★★☆☆☆

天星ナンバー 7

ここぞというときに頼れるピュアな人

どこに行ってもその場の空気に溶け込んで、周りを楽しく盛り上げる才能があります。ただしノリがいい反面、忘れっぽかったり、気が変わりやすかったりして、約束を守るのがちょっと苦手。ルーズなところを見直せば、みんなから愛されるムードメーカーに。

こんな星が入ってる

- ★ 顔に出やすい星
- ★ 冒険家の星
- ★ 感覚勝負の星

天星ナンバー 42

スピード感が武器のサバサバ系行動派

物事を直感で判断し、そうと決まったら真っ直ぐに行動します。スピードがある分、早とちりや勘違いも多く、はたからは落ち着きがないように見えることも。動き出す前に一呼吸おいて頭の中を整理することで、持ち前の行動力をより活かせるでしょう。

こんな星が入ってる

- ★ 情にもろい星
- ★ サバサバ気質の星
- ★ 実はKYの星

天星ナンバー
44

クールに見えて誰にでも優しい博愛主義者

喜怒哀楽がすぐ顔に出やすくプライドは高め。優しくクールなタイプです。直感が冴え、流行を素早くキャッチ。好みはハッキリしています。仕事と恋愛をバランスよく両立させるので、束縛されるとペースダウン。

こんな星が入ってる

- ★プライド高い星
- ★クールでドライの星
- ★承認欲求強めの星

天星ナンバー
48

最先端を追いかける感情豊かな情熱家

短期決戦型。直感と、戦うエネルギーが強く、好き嫌いがハッキリ。ときどき周りを振り回したり誤解されやすいところもありますが、大切な人には愛情深く真っ直ぐな性格なので、意外と単純なタイプ。理性で判断するよう心がけると運が開けます。

こんな星が入ってる

- ★鉄の意志がある星
- ★先取りの星
- ★戦いの星

MIDDAY

YEARLY FORTUNE

2024年
真昼の運勢

THEME

“好奇心を膨らませチャレンジする年”

総合運

TOTAL

新たなスタートのために、脱皮をしたい年。過去3年間でうまくいかなかった物事や、もつれた人間関係には、早めに区切りをつけましょう。2023年のうちにリセットできている場合は、新しいことにどんどん挑戦して。新鮮な体験をするほど運気がよくなり、チャンスもめぐってくるでしょう。また、2024年は見聞を広めることも大事です。新しい物事を積極的に受け入れる気持ちで、さまざまな分野の人の話を聞いてみましょう。

恋愛運

LOVE

自分らしい恋愛が再びできるようになる一方で、新しいタイプに恋をする可能性も。待っているだけではなく行動することが大切。気持ちが冷めているのに続けている関係があるならケジメを。パートナーがいる人は、知らない場所へ行ったり新しい趣味を始めるなど一緒に新鮮な体験をして絆を深めて。

仕事運＆金運

WORK & MONEY

異動があったり新しい仕事を任されたら、運気の流れにのっている証拠。新しいことに一生懸命取り組むことが仕事運アップのカギとなるので、楽しみながら働きましょう。これまでの経験を活かしつつ、学ぶ姿勢も大切に。お金は、貯めるよりも自己投資に使うと、大きく成長できるでしょう。

2024年の運気バイオリズム

吉凶混ざり引きが強い月
・自信をもって行動
・プチセレブ感
・注目が集まる

振り返ってみる月
・楽しんでみる
・穏やかな雰囲気
・最後の決断

運気が低迷する月
・健康面に影が
・頑固はNG
・流れに身を委ねる

八方塞がりになりやすい月
・謙虚さを大事に
・決めつけない
・じっくり煮詰める

リセットの月
・判断ミス
・縁が切れる
・爆発しやすい

新スタートの月
・新発見
・チャレンジする
・直感が戻る

物事を見直す月
・体調を崩しやすい
・準備の時期
・少し休憩

2023年　2024年

秋　冬　春

☀（光）と☁（影）のときは、
P.027のような性質が
それぞれ出てきます。

決断する月
- 直感に従う
- 人生が変わる
- 軸を定める

メンテナンスの月
- 体調管理を第一に
- メンタルダウンに注意
- 癒しを大切にする

努力が報われる月
- 変化がある
- 力を発揮できる
- 夢が膨らむ

誘惑が多い月
- 調子にのりがち
- 足腰を温める
- 決断はNG

再挑戦できる月
- 縁ある人と再会
- チャンス到来
- 経験を活かせるとき

吉凶混ざり引きが強い月
- 自信をもって行動
- プチセレブ感
- 注目が集まる

振り返ってみる月
- 楽しんでみる
- 穏やかな雰囲気
- 最後の決断

夏　秋　冬

赤（偶数年生まれ）

RED

7

今までの努力が報われる成就の年。周りからの期待が高まったり、自分の力が発揮されるときです。自分のペースで物事を進められ、夢も膨らんでいくでしょう。努力が足りなかった人も、巻き返しのチャンスです。

決断運	★★★★★
人間関係	★★★☆☆
健康運	★★★★☆
金運	★★★☆☆

＼あなただけの／

光の月 4月、7月／**影の月** 9月、10月

42　44　48

パワフルに動き回れる年。直感も冴えるときなので、好奇心を刺激されることにはどんどん挑戦してみましょう。過去のこだわりを捨て、積極的に人と交流することで新しい自分を発見できるかもしれません。

決断運	★★★★☆
人間関係	★★☆☆☆
健康運	★★★☆☆
金運	★★★☆☆

＼あなただけの／

光の月 8月、11月／**影の月** 1月、2月

白（奇数年生まれ）

WHITE

7

気持ちが揺れやすい年。過去の疲れが出やすくストレスが溜まりやすいときなので、休むときはきちんと休むなどオンとオフの切り替えを。即断即決は避け、早とちりにも気をつけて。何事も慎重に進めるとトラブル回避。

決断運	★★☆☆☆
人間関係	★☆☆☆☆
健康運	☆☆☆☆☆
金運	★★★☆☆

＼あなただけの／
光の月 5月、8月／**影の月** 10月、11月

---

42 44 48

2024年は物事がリセットされやすい時期。未練や執着を断ち、悪い習慣を手放してみて。直感は外れやすいので、言動にも注意。反論は控え、謙虚な姿勢でいると、乗り切れます。

決断運	★☆☆☆☆
人間関係	★★☆☆☆
健康運	★★☆☆☆
金運	★★☆☆☆

＼あなただけの／
光の月 9月、12月／**影の月** 2月、3月

2023 11 November 吉凶混ざり引きが強い月

今月の開運メッセージ

これまでの自分より一段ステージアップするイメージで過ごすと、運気の流れがよくなるでしょう。いいことも悪いことも起こりやすい時期ですが、自分をしっかりもっていれば、きっと大丈夫。また、人にはふとしたときに労いの言葉をかけるなど、思いやりを見せるとGOOD。もともと明るいあなたのもとに、自然と素敵な人たちが集まってくるでしょう。

今月の開運行動

1. 人に対して優しさをもつ
2. 難しいと思った方を選んで挑戦
3. 1人で決めず客観的な意見も聞いてみる

天星ナンバー別
今月のお言葉

あなたの
天星ナンバー
をチェック!

RED WHITE

赤
（偶数年生まれ）

白
（奇数年生まれ）

7

赤：ネガティブな心とは縁を切り、どんな相手にも丁寧に接しましょう。周囲を変えようと思わずに、自分が変わる意識で周りも変化。

白：自分のためではなく誰かのために動くイメージで、何があっても決めつけないこと。体調が不安定な時期なので、健康管理も徹底を。

42 44 48

赤：周囲から注目が集まりそう。柔らかな態度で接して。学びの多い道に進むと大切な変化が入ります。良質なものを買うと運気アップ。

白：旧友と連絡をとったり思い出の料理を食べたりすると開運につながります。親孝行や先祖の供養もいい流れを呼びこみます。

2023 12 December 振り返ってみる月

今月の開運メッセージ

新しい一歩を踏み出すためには、これまであったものを諦めることも、ときにはやむを得ません。今月、あなたのもとを去っていく人がいるかもしれませんが、それはお互いの未来にとって必要なお別れだと思いましょう。寂しいからといって引き止めたり、追いかけたりすると、次へ進むタイミングを逃してしまうことも。未練は残さず、凛とした心で前を向きましょう。

今月の開運行動

1. やり残したことを今月中に消化する
2. 遊び心を忘れずに楽しんでみる
3. こだわりを手放して柔軟に考えてみる

天星ナンバー別 今月のお言葉

あなたの天星ナンバーをチェック!

RED

WHITE

赤（偶数年生まれ）

白（奇数年生まれ）

7

赤：新年が近づくにつれ運気が上昇。新たなチャレンジや努力、学びは追い風になります。まずはTo Doリストの作成から始めてみて。

白：無理をすると感情が爆発するかも。去るものは追わずという気持ちで手放しましょう。部屋を片付けるとスッキリした気持ちに。

42 44 48

赤：悩みの種はできるだけ早いうちに解決して。穏やかな気持ちで年を越しましょう。月末は時間に余裕をもって動くようにすると◎。

白：周りの状況をよく見て、思いやりをもった行動を心がけましょう。資格の勉強など、スキルアップのための自己投資は惜しまずに。

2024 1 January 運気が低迷する月

今月の開運メッセージ

いま自分が手にしているものに目を向け、感謝の気持ちを忘れないように。当たり前の日々が、実はありがたいものだと気づければ、幸せを感じられるはずです。物事がうまくいかないときは、人と自分を比べてうらやんだり、ないものねだりをしてしまうもの。そんなときは、近くにいる人を喜ばせてみて。相手の笑顔を見ることで、穏やかな気持ちを取り戻せるでしょう。

今月の開運行動

1. 何事もプラスの面を見つける
2. 人の話を最後までじっくり聞く
3. 靴を整理し、玄関を清潔に

天星ナンバー別
今月のお言葉

あなたの
天星ナンバー
をチェック!

RED

WHITE

赤
（偶数年生まれ）

白
（奇数年生まれ）

7

赤：運気はゆっくり上昇中。1年の目標を立てたら、できることから少しずつでも行動を。出会い運もあるので、初めての場所でも飛び込んで。

白：変化を恐れず、何事もポジティブに取り組むといい月。自信がなくなるときこそ毎日、「私は大丈夫」といい言葉を唱えると回避します。

42 44 48

赤：出だしからスローペース。空回りしやすい運気。承認欲求や自己主張が強い人にひっぱられないように。あなたらしさを忘れずに。

白：新年はワクワク探しをしてみましょう。面倒なことは早めに片づけると、流れに弾みがつきそう。昨年を振り返って悪い習慣を断つと開運に。

2024 2 February 八方塞がりになりやすい月

今月の開運メッセージ

今月は、いろいろな視点や考え方を取り入れてみましょう。普段あまり話さない人と話したり、自分とは違うタイプの人から意見を聞いたりするといいでしょう。すぐには共感できなくても、ゆっくり時間をかけて理解していけば、自分の世界も広がるはずです。また、礼儀やマナーを大切にし、人に協力してもらったときは、忘れずにお礼をしましょう。

今月の開運行動

1. 周りの人に意見を聞き
素直に取り入れる
2. 毎日掃除をし
整理整頓を心がける
3. 大切な人に
感謝の気持ちを言葉で伝える

天星ナンバー別
今月のお言葉

あなたの
天星ナンバー
をチェック!

RED WHITE

赤
（偶数年生まれ）

白
（奇数年生まれ）

7

赤：人生を変えるチャンスのとき。直感力も冴えるので、引っ越しや告白など、大きな決断も思い切って踏み出して。ダイエットにも最適。

白：これからの成長のために、課題を意識して過ごすといい時期。今やっていることを見直したり、今後に向けての準備に力を注いでみて。

42 44 48

赤：何事も決めつけるのはNG。人を優先する意識で、周囲の言葉や価値観をしなやかに受け入れましょう。感謝の気持ちを忘れずに。

白：自分磨きができるとき。何でも学ぶ気持ちで受け止めると、知らず知らず力になっていくはず。「人に優しく、自分に厳しく」が開運に。

2024 3 March リセットの月

今月の開運メッセージ

新しい季節に向けて、物事が入れ替わるとき。今月は、終わりと始まりの両方を経験することになるかもしれません。このタイミングで終わらせるべきことを、いつまでも引きずらないように。寂しさは一時的なもの。これからの素敵な出会いや出来事に期待しましょう。また、今月は慌てるとミスやトラブルの原因に。冷静さを保つよう心がけてください。

今月の開運行動

1. 去るものは追わず
次に進むことを心がける

2. 背筋を伸ばして
キレイな姿勢をキープする

3. 部屋の空気を入れ替えて
いい気を保つ

天星ナンバー別
今月のお言葉

あなたの
天星ナンバー
をチェック!

RED　WHITE

赤（偶数年生まれ）	天星ナンバー	白（奇数年生まれ）
心身のバランスが崩れやすい運気です。来月以降上昇するので、ここで無理をするより少しペースを落とすのがベター。ケガには注意を。	7	自分を変えたいと思っているなら今がチャンス。大きな決断だと肩肘を張らず無理をしない程度に自己改革を。同時に体のメンテナンスも。
シンプルに考えることで、抱えている悩みや不安は解決に。目立つよりも着実に。腐れ縁は断ち切るチャンス。	42 44 48	視点が変わるとき。人の意見に耳を傾けると、自分に足りないところが見つかりそう。ネガティブモードに陥ったら、汗を流し気分転換を。

2024 4 April 新スタートの月

今月の開運メッセージ

何か新しいことに挑戦するのにいい時期です。伸ばしたい分野を学んだり、食生活の改善など日常に関することでもいいでしょう。服装や髪型でイメチェンするのもおすすめです。ここ数カ月の経験を経て成長したあなたは、これまでできなかったことも、できるようになっているはずです。新芽のようにフレッシュな気持ちで、どんどん挑んでいきましょう。

今月の開運行動

1. いつもと違うファッションや髪型を試してみる
2. 新しい趣味や習い事を始める
3. 朝早く起きて自分の時間をもつ

天星ナンバー別
今月のお言葉

あなたの
天星ナンバー
をチェック!

RED　WHITE

赤
（偶数年生まれ）

白
（奇数年生まれ）

7

赤：運気は好調。やりたいことを口にすると、周りも応援してくれそう。体の中からエネルギーが湧き、どんなことも乗り越えられるはず。

白：心にもやがかかりやすく、考えこみやすい月。なるべく癒しの時間をもち、心身を労ることを心がけて。大切なものは守れるように。

42 44 48

赤：資格の勉強や朝活など、自分磨きを始めるといい月。自分の中にある「好き」を増やす行動を。出会い運も強め。

白：自分の波長に合わないものが出てきそう。ズレを感じたら手放して正解。身軽になるほど新しい縁がやってきます。親孝行や家族を大切に。

2024 5 May 物事を見直す月

今月の開運メッセージ

自分らしさを大切にしたい月。もともとスピード感があり、目標に向かって突っ走るタイプですが、今月は少し速度をゆるめ、自分と向き合ってみましょう。本当に好きなものは何か、いつも支えてくれる人は誰か、改めて考えることで、幸せを見つけることができそうです。また、体のメンテナンスにも力を入れ、質のいい食事や睡眠を心がけましょう。

今月の開運行動

1. 心と体を休めてリフレッシュ
2. 自分の間違いを素直に認める
3. 人と話すときは笑顔を心がける

天星ナンバー別
今月のお言葉

あなたの
天星ナンバー
をチェック!

RED　WHITE

赤
（偶数年生まれ）

白
（奇数年生まれ）

7

赤：周りと比べやすい時期です。人は人、自分は自分。あなたらしさを忘れずに。迷ったら、一番大切なものや人を思い出してみて。

白：嬉しい変化が起こる月。身の回りの小さな喜びに目を向けて、幸せを感じる時間をたくさん作ってみて。頑張ってきた自分にご褒美も。

42　44　48

赤：忘れものが目立つ月。未達事項の確認をしっかりと。自己管理を徹底し、心と体を強化して。思わぬ出費もありそうです。

白：ワクワクする気持ちが戻ってくる月。人からすすめられたことも積極的に試してみると、自分に合ったものに出合えるかも。迷うより行動を。

2024 6 June 決断する月

今月の開運メッセージ

変化を求める気持ちが強くなりそう。初めての場所に足を運ぶなど、刺激を求めて行動するといいでしょう。人間関係にマンネリ化を感じたら、サプライズを仕掛けたり、一緒に未体験のことに挑んだりしてみて。映画や小説などの作品を通して、新鮮なものの見方に触れるのも1つの方法です。自分次第で、世界の見え方を変えられることを知りましょう。

今月の開運行動

1. いつもとは違う視点で物事を見てみる
2. 本当にやりたいことをしっかり考える
3. 基本を思い出してみる

天星ナンバー別
今月のお言葉

あなたの
天星ナンバー
をチェック！

RED　WHITE

赤
（偶数年生まれ）

白
（奇数年生まれ）

7

赤：リベンジの運気が強まるとき。かつて挫折したことも今ならうまくいきそう。仲違いした人とやり直したいなら、素直な気持ちで。

白：落ち着いて行動したい月。準備や確認をしっかりすることでトラブルを防げます。誘惑やうまい話には注意し、何かあったら周囲に相談を。

42・44・48

赤：運気は追い風。秘めた可能性を広げるチャンス。思い切った行動を起こすほど未来に光が入ります。決断は今。

白：心が休養を欲しています。無理をする付き合いやSNSは控え、映画や読書を楽しんでみて。

2024 7 July メンテナンスの月

今月の開運メッセージ

気づかないうちに溜まっていた疲労が、一気に出てくるかもしれません。普段はエネルギッシュなあなたですが、今月は無理をせず、意識的に休憩をとるようにして。疲れを甘く見ず、自分の体と心のコンディションを把握しながらしっかり整えましょう。夜はゆっくり湯船につかるなど、リラックスする時間を作ると元気を取り戻せそうです。

今月の開運行動

1. 不調を感じる前に健康診断
2. こまめに気分転換をする
3. 水回りの掃除をして常にキレイに

天星ナンバー別
今月のお言葉

あなたの
天星ナンバー
をチェック!

RED　WHITE

7

赤（偶数年生まれ）

大きな変化が入っています。レベルアップをめざせば、あなた自身の可能性が広がる月。頑張った自分にはご褒美を。ケガには気をつけて。

白（奇数年生まれ）

懐かしい場所や人に救われる暗示。苦しみや悲しみに飲み込まれずにうれしかったことを思い出して。イメチェンもあなたを成功へ導きます。

42・44・48

赤（偶数年生まれ）

無理をしていると感じたら、ぬるめのお風呂でゆっくりとリラックス。今月は自分を労ることが大事。あなたは十分頑張っています。

白（奇数年生まれ）

今後進みたい道など、自分の気持ちがはっきりしてきそう。反面、気が大きくなりやすいので、視野が狭くならないように気をつけて。

2024 8 August 努力が報われる月

今月の開運メッセージ

ワクワクすればするほど運気の流れがよくなっていきます。好きなことや好奇心をそそられること、おもしろいと感じることを、純粋に追いかけてみましょう。感性が豊かになり、あなたの魅力もアップするはずです。また、自分から人に声をかけ、楽しい時間を共有するとGOOD。あなたの明るい笑顔が、周りにいる人までハッピーにするでしょう。

今月の開運行動

1. 積極的なコミュニケーション
2. うれしいときはうれしいと素直に相手に伝える
3. 部屋に季節の花を飾る

天星ナンバー別
今月のお言葉

あなたの
天星ナンバー
をチェック!

RED　WHITE

赤
（偶数年生まれ）

白
（奇数年生まれ）

7

赤：新しく何かを始めるより、日常を楽しみ、周りの人との時間を大切にすることが運気安定のカギ。節約・貯金を始めると今後の安心に。

白：やりたかったことに取り組むと順調。予期せぬ出費があっても、楽しいことや癒されることにお金を使って。夢の実現に向けて自己投資も◎。

42　44　48

赤：自発的な行動がツキを呼びそう。興味のあること、楽しいことには積極的に取り組んで。感じたことを素直に表現すると好印象。

白：やる気はあるのに体がいうことをきかない予感。これまで怠けてできなかったことにじっくり取り組むといい流れに。肌トラブルには注意。

2024 9 September 誘惑が多い月

今月の開運メッセージ

自分に甘くなり、心がブレる場面がありそうです。調子にのってしまい、後で反省することにならないよう、気を引き締めておきましょう。今月は、一度悩み始めるとドツボにはまりやすいとき。適度に気分転換することが大切です。部屋を片付けると気分もスッキリするでしょう。悩んだときは「どうにかなる」と開き直ることも、場合によっては必要です。

今月の開運行動

1. 迷ったら あえて決めないという選択をする
2. 相手に失礼でないか 自分の行動を逐一確認する
3. 何事もおおらかに捉える

天星ナンバー別
今月のお言葉

あなたの
天星ナンバー
をチェック!

RED　WHITE

赤
（偶数年生まれ）

白
（奇数年生まれ）

7

赤：内面が磨かれるとき。期待がはずれても落ち込むより、いろいろな人の考えを学べたと考えて。体調を崩す前に休むことでトラブル回避。

白：ボランティアにツキあり。フォローや人助けで運の貯蓄を。心をクリアにしたいときは思い切った取捨選択をして気分スッキリ。

42　44　48

赤：広い心でどんと構えていると、周囲にいい影響を与える予感。中旬からは堅実に足場を固めるようなイメージで過ごしましょう。

白：プラスのエネルギーが湧いてくる月。勝ち負けや損得を考えず行動することで、周りから応援されるでしょう。より高い目標をもつと開運。

2024 10 October 再挑戦できる月

今月の開運メッセージ

縁がつながりやすい時期。初対面の人よりも、過去に交流があった人と関係が深まる可能性があります。昔の恩人など、お世話になった人に久しぶりに連絡するのにいいタイミング。また今月は、一度失敗したことに改めて向き合うと、うまくいく運気です。これまでの経験を活かしリベンジのチャンスがめぐってきたときは、迷わず飛び込みましょう。

今月の開運行動

1. しばらく会っていない友達に自分から連絡する
2. お気に入りの服で出かける
3. 近い将来の理想を具体的に思い描いてみる

天星ナンバー別
今月のお言葉

あなたの
天星ナンバー
をチェック!

RED　WHITE

7

赤（偶数年生まれ）

もっとよくなるために努力できる運気です。ダメ出しされても諦めず、期待されている！　と前向きに。苦手なことに取り組むと開運月。

白（奇数年生まれ）

流れに委ねるといい月。調子が崩れることがあるかもしれませんが、コツコツ取り組むことを大切に。頑張っている自分を労ろう。

42　44　48

赤（偶数年生まれ）

どんな自分になりたいか具体的にイメージして、積極的に行動してみれば、良縁に恵まれそうです。キーパーソンとの出会いもあるかも。

白（奇数年生まれ）

周りが気になりやすい月。「人は人、自分は自分」と心得て、興味を感じたら納得いくまで追求を。不調は見逃さず、検査してみて。

2024 11 November 吉凶混ざり引きが強い月

今月の開運メッセージ

今月は、積極的に行動することが開運につながります。もともと考えるよりも先に体が動くタイプのあなた。持ち前の瞬発力を活かして、気になったことにはどんどんトライしましょう。楽しみながら挑戦していけば、大きく成長できるはずです。また今月は、自己投資をするにもいいタイミング。将来役に立ちそうな勉強や習い事を始めるとよさそうです。

今月の開運行動

1. カバンや財布など毎日触れるものを新調する
2. 失敗を恐れず新しいことにチャレンジ
3. 一度決めたことは最後までやりとげる

天星ナンバー別
今月のお言葉

あなたの天星ナンバーをチェック!

RED　WHITE

赤（偶数年生まれ）

白（奇数年生まれ）

7

赤：あなたの波長が変わってくる時期。波長に合わなくなったものは離れていきますが、新しい縁がめぐる兆し。大切なものは守られるはず。

白：今月は無理をせず、体調管理を優先。体を温め、胃腸にやさしい食事をとりましょう。焦りは手放し、リラックスする時間を大切に。

42 44 48

赤：夢は大きく掲げ、吉凶すべての出来事を受け止めて。完璧でなくてもベストを尽くすことで物事がスムーズに。アクセサリーを新調すると開運月。

白：何事も今の自分に合わないと感じたら手放すとき。去るものは追わず、今を大切に過ごすと吉。リスクを負うような挑戦は来年に。

2024 12 December 振り返ってみる月

今月の開運メッセージ

今月は、ポジティブな発言をするよう意識しましょう。師走の忙しさに、つい愚痴や不満を口にしたくなる日もあるかもしれませんが、明るい言葉を選んで発していれば、自分自身が元気になれるはず。また、年末はいろいろなイベントに足を運ぶとよさそうです。何事も楽しもうとする姿勢を大切にし、笑顔で過ごしていると運気もよくなっていくでしょう。

今月の開運行動

1. 興味をもったことには積極的にアクションを起こす
2. 自分はできると信じて挑戦を続ける
3. 責任感をもった行動を心がける

天星ナンバー別
今月のお言葉

あなたの
天星ナンバー
をチェック!

RED　WHITE

赤
（偶数年生まれ）

白
（奇数年生まれ）

7

赤：自分らしさが徐々に戻ってくる月。やりたいことが増えるので、興味を抱いたことにはトライしてみて。それが夢の種になることも。

白：周りの人を幸せにできるように行動したい月。悪い縁やネガティブ思考は手放し良縁を大切に。周囲を変えるのではなく自分が変わる意識で。

42　44　48

赤：自分にも人にも優しい言葉を使うと、穏やかな年末が過ごせそう。ファッションにゴールドを取り入れてみて。イベントには進んで参加を。

白：自分の可能性が広がる月。ラクな道を選ぶより、あえて苦しい道を行ってみると成長のチャンスに。頑張った自分には少し贅沢なご褒美を。

MIDDAY

2024年
日々の
開運メッセージ

Daily Fortune Message

先々を見通してみたり
その日がどんな日なのか調べてみたり
日々の過ごし方や考え方の
参考にしてみてくださいね。

運気キーワード

KEYWORD

《 吉凶日 》

天赦日

「天が赦す日」と書くように、神様がすべての罪を赦し、障害が取り除かれる日とされています。一粒万倍日より数が少ない大吉日。結納や婚姻届の提出など、結婚にまつわることを行うのによく、新しいことを始めるのにもいい日です。

一粒万倍日

「一粒の種子が万倍にもなって実る」という意味をもち、何かを始めるのにいい日とされています。財布の新調にも最適。ただし、人からお金やものを借りると、万倍に膨らみ凶となるため注意してください。

不成就日

要注意日。何事も成就しない、悪い結果を招いてしまう日とされています。結婚、開店、起業など、新しいことを始めるのは避けた方がいい日です。

『吉日と不成就日が重なる場合には、あまり新しい行動を起こさない方がベター。』

《 月の満ち欠け 》

● 新月

新しいスタートを切るのにいいとき。新しいものを買うのにもいい日とされています。

◐ 上弦

新月から満月へと満ちていくとき。判断力や決断力が高まっているときで、積極的な行動を起こすのに適した日とされています。

◑ 下弦

満月から新月へと欠けていくとき。物事をリセットしたり、デトックスしたり、感情のリセットなどにも向く日とされています。

● 満月

不要なものを手放すのにいい日とされています。

PHASES OF THE MOON

2023 11 November

毎日の運気をチェック!

吉凶混ざり引きが強い月

DATE		
1 Wed.		臨時収入があるかも。大切な人のために使うと吉。
2 Thu.		優雅な気分に浸る時間を作って、自分にご褒美を。
3 Fri.		銀行口座の残高を確認。予定を確認して節約スタート。
4 Sat.		無茶なお願いをされても、自分の時間は確保しよう。
5 Sun.		お金の支払いを確認しよう。毎日の出費も再チェック。
6 Mon.		思いを素直に言葉にすると、人間関係がスムーズに。
7 Tue.		いいパートナーが現れそう。相手の考えを尊重して。
8 Wed.	不成就日	今後につながる話でも、疑問が残るなら保留に。
9 Thu.		誰かと出かけたならば、遅くなる前に切り上げよう。
10 Fri.		割引セールやクーポンで、お得感を味わえるかも。
11 Sat. 一の酉	一粒万倍日	セールストークに要注意。甘い話に惑わされないで。
12 Sun.	一粒万倍日	いつも使っているものを買い替えてみると運気アップ。
13 Mon.		これまでの結果が出るとき。周りに評価を聞こう。
14 Tue.		不摂生が続いているなら、簡単でいいので自炊を。
15 Wed.		時間ギリギリはトラブルのもと。早めの行動を意識。

16	Thu.	不成就日	コンプレックスは、打ち明けてしまうと気がラクに。
17	Fri.		お金の使い道を見直そう。無駄な出費が多いかも。
18	Sat.		元気が出ないなら酸っぱいものでパワーチャージを。
19	Sun.		自分の可能性を広げるためにも交際費は惜しまずに。
20	Mon. ◐		いつもより美容やファッションにこだわると◎。
21	Tue.		目や腰に疲れが。違和感を覚えたら無理は禁物。
22	Wed.		臨時収入は散財せず、自分を高めることに使おう。
23	Thu. 二の酉	一粒万倍日	あちこち行くより1カ所でのんびりした方がいい日。
24	Fri.	一粒万倍日 不成就日	今年をどうしめくくるか、年末の予定を考えよう。
25	Sat.		無理なダイエットはNG。健康的な食事を心がけて。
26	Sun.		運気は下り坂。課題は今日中に終わらせておいて。
27	Mon. ●		イライラするときは、温かい飲み物で落ち着こう。
28	Tue.		物事がスムーズにいかない予感。流れに身を任せて。
29	Wed.		努力がなかなか報われないなら、少し休むのもあり。
30	Thu.		頑張ってもできないことは、潔く人の力を借りて。

●新月 ◐上弦 ●満月 ◑下弦

毎日の運気をチェック!

2023 12 December 振り返ってみる月

DATE		
1 Fri.		周りの意見も参考にして、お正月の予定を立てよう。
2 Sat.	不成就日	お世話になった人と今年を振り返ると運気アップ。
3 Sun.		年末のイベント準備に大忙し。ときどき息抜きを。
4 Mon.		人が集まってきてにぎやかな日に。会話を楽しんで。
5 Tue.	一粒万倍日	なんでも恋愛に結びつけず、友情も大切にしよう。
6 Wed.	一粒万倍日	心残りなことがあるなら、今日のうちに再挑戦を。
7 Thu.	一粒万倍日	クリスマスプレゼントは金額よりアイデアで勝負。
8 Fri.	一粒万倍日	夜はちょっと贅沢な入浴剤で1週間の疲れを癒して。
9 Sat.		頭が思うように働かないときは、のんびり過ごそう。
10 Sun.	不成就日	突然の出来事に予定が狂っても、臨機応変に対応を。
11 Mon.		頑張っても解決しないなら、諦めることも肝心。
12 Tue.		周りに仕事を教え、自分にしかできないことに集中。
13 Wed.		自分が相手にどう映っているか聞くことで開運に。
14 Thu.		欲しい物は早めに購入を。すぐに売り切れるかも。
15 Fri.		ストレスで暴飲暴食しそう。ストレッチで気分転換。

16 Sat.		ときめく出会いがある予感。ゆっくり距離を縮めて。
17 Sun.	不成就日	大勢が集まる場に行くより年内にやるべきことを優先。
18 Mon.		予約がいっぱいでも、キャンセル待ちに期待しよう。
19 Tue.	一粒万倍日	年末に向けて浪費しないよう注意。出費は記録して。
20 Wed.	一粒万倍日	イルミネーションを眺めて、ロマンチックな気分に。
21 Thu.		お店のサービスが悪くても、笑って許す心の余裕を。
22 Fri. 冬至		ムードに流されて飲みすぎると、明日に響くかも。
23 Sat.		金運がイマイチの日。デートは買い物以外のことを。
24 Sun.		話題のスポットへ行くと充実した時間を過ごせそう。
25 Mon.	不成就日	仕事納めの前に、お世話になった人に感謝を伝えて。
26 Tue.		年内に終わらせたいことのラストスパートを。
27 Wed.		自力で解決できないなら、専門家に頼るのも手。
28 Thu.		一段落ついたら、頑張った自分をほめてあげよう。
29 Fri.		疲れが出そう。早めに帰って冷えた体を温めて。
30 Sat.		帰省した先でうれしい再会が。みんなで語り合おう。
31 Sun. 大晦日	一粒万倍日	金運が上昇。欲しかった物を手に入れられそう。

新月 上弦 満月 下弦

2024　1　January

毎日の運気をチェック!

運気が低迷する月

DATE		
1 Mon. 元日	天赦日 一粒万倍日	穏やかな気持ちで1年のスタートを迎えよう。
2 Tue.	不成就日	お雑煮もおいしいけれど、食べすぎには注意。
3 Wed.		正月早々ケンカはNG。相手の気持ちを尊重しよう。
4 Thu. ◑		うまくいかないときは、周りに助けを求めてみて。
5 Fri.		髪型やネイルでイメチェンすると、運気が上向きに。
6 Sat.		1週間の疲れが出るかも。夜はのんびり過ごそう。
7 Sun. 七草		いつまでも優柔不断はNG。後回しにせずに決断を。
8 Mon.		銭湯や温泉に出かけて心身ともに癒されよう。
9 Tue.		モテを意識するより自分らしいおしゃれを楽しんで。
10 Wed.	不成就日	親しくてもおいしい話には十分警戒しよう。油断は禁物。
11 Thu. ●		問題が再発するかも。前回とは別のやり方で解決を。
12 Fri.		お得なクーポンが手に入ったら、人のために使って。
13 Sat.	一粒万倍日	ストレスが溜まっていそう。大切な人との時間を作ろう。
14 Sun.		思い込みで決めるのは×。まずはよく調べて観察を。
15 Mon.		計画通りに進みにくい日。慌てず落ち着いて対応を。

16 Tue.	一粒万倍日 不成就日	自己主張は控え、相手の意見を尊重するといい日。
17 Wed.		部屋のインテリアを少し変えるだけで気分も一新。
18 Thu. ◐		ネットよりも店舗に行くと探していた物がありそう。
19 Fri.		頭を柔らかくして、新しいことも受け入れよう。
20 Sat.		友達の相談に親身になりすぎると疲れてしまうかも。
21 Sun.		平和な１日になりそう。小さな幸せを大切にして。
22 Mon.		お買い得でも、必要のないものは購入しないこと。
23 Tue.		しつこく近づいてくる人とは距離を置いてみよう。
24 Wed.	不成就日	年始の疲れが出そう。体を温める食べ物で免疫アップ。
25 Thu.	一粒万倍日	早めに帰宅し、夜は家でのんびりするのがおすすめ。
26 Fri. ●		嫌なことがあっても、怒らず受け流すのが一番。
27 Sat.		外出は控えゆっくり過ごして心身を癒そう。
28 Sun.	一粒万倍日	相手は違う意見かも。しばらくは様子を見よう。
29 Mon.		肩の荷が下りて心が軽くなりそう。笑顔を意識して。
30 Tue.		午前中は体調が優れないかも。無理せず休憩を。
31 Wed.		ほめられて調子にのると、判断を間違える場合も。

● 新月 ◐ 上弦 ● 満月 ◑ 下弦

2024 2 February

八方塞がりになりやすい月

毎日の運気をチェック!

DATE			
1	Thu.	不成就日	疲れが溜まっているかも。早めに寝て体力回復を。
2	Fri.		タイプでない人に言い寄られるかも。上手に断ろう。
3 節分	Sat.		ミスをしやすい日。落とし物や忘れ物に気をつけて。
4	Sun.		後回しにしていたことに、今日こそ取り組もう。
5	Mon.		いつもお世話になっている人に感謝を伝えると吉。
6	Tue.		些細なミスを防ぐためにも、確認作業はしっかりと。
7	Wed.	一粒万倍日	うまくいかないときは、流れに身を任せてみよう。
8	Thu.		背伸びをしても続かないもの。ありのままでOK。
9	Fri.	不成就日	散らかっている部屋は運気ダウン。まずは整理整頓。
10	Sat.		友達の趣味に付き合うと、新たな発見があるかも。
11	Sun.		笑顔を心がけると、人間関係がスムーズになるはず。
12	Mon.	一粒万倍日 不成就日	自分の直感が不安なときは信頼できる人に相談を。
13	Tue.		疲れやすい日。無茶はせず、まっすぐ帰宅しよう。
14	Wed.		バレンタインデートはプチ贅沢できる場所が吉。
15	Thu.		足腰を温めよう。空き時間にストレッチも◎。

16 Fri.		毎回同じようなことでもめるなら対応策を考えて。
17 Sat.		ちょっと贅沢をして、頑張っている自分にご褒美を。
18 Sun.		つつましく振る舞うよう意識。好感度が上がりそう。
19 Mon.	一粒万倍日	何事も丁寧に説明することで、トラブルを回避。
20 Tue.	不成就日	区切りをつけるのは、もう少し待ってからが吉。
21 Wed.		希望通りにいかない場合は、諦めることも必要かも。
22 Thu.		シックな服装を意識すると、新たな発見がありそう。
23 Fri.		連休中に必要な準備をしておくことで運気がアップ。
24 Sat.	一粒万倍日	困っている友達を助けよう。深く感謝されるはず。
25 Sun.		落ち込んだら親しい友達になぐさめてもらおう。
26 Mon.		日頃の行いがよければ、チャンスがめぐってきそう。
27 Tue.		見て見ぬふりしてきた問題を、そろそろ解決して。
28 Wed.	不成就日	同じ失敗を繰り返さないよう過去の反省を活かそう。
29 Thu.		春に向けてクローゼットの整理を始めよう。

新月　上弦　満月　下弦

毎日の運気をチェック!

2024 3 March リセットの月

DATE			
1	Fri.		穏やかに過ごすといい日。無茶はしないように。
2	Sat.	一粒万倍日	いまは理解されなくても、いずれ味方ができるはず。
3 ひな祭り	Sun.		謙虚な姿勢で仲間の手伝いをするとトラブル回避。
4	Mon.		残念なことがあっても、明日までには立ち直ろう。
5	Tue.		普段と違う道を歩いてみると、何か見つかるかも。
6	Wed.		夢中になれることがあるなら、とことん突き詰めて。
7	Thu.	不成就日	計画を立てて行動することで、目標に近づくはず。
8	Fri.		友達が大変そうでも、いまはそっと見守るとき。
9	Sat.		パートナーに任せるより自分で動く方がスムーズ。
10	Sun.	一粒万倍日	うっかりミスをしやすい日。貴重品は慎重に扱おう。
11	Mon.	不成就日	2度目のチャンスが。じっくり考えて明日トライして。
12	Tue.		少額でも、お金の貸し借りはしない方が安心安全。
13	Wed.		欲張らなければ、トントン拍子に物事が進みそう。
14	Thu.		今日は落ち着いたコーディネートを選ぶのがベター。
15	Fri.	天赦日 一粒万倍日	言葉遣いを丁寧にすれば周りから一目置かれそう。

16 Sat.			去っていく人とは、もともと縁がなかったと思って。
17 Sun.	◐		怖そうな人でも話してみると印象が変わりそう。
18 Mon.			情報収集をしっかりすることが、成功のカギ。
19 Tue.		不成就日	約束をするなら、もう少し様子を見てからにしよう。
20 Wed.			疲労が溜まっているなら、整体や銭湯がおすすめ。
21 Thu.			同年代の人と一緒にいると、楽しく過ごせそう。
22 Fri.		一粒万倍日	気合を入れて料理をしてみると、いい気分転換に。
23 Sat.			進むべき道を見失ったら、初心に戻ってみると◎。
24 Sun.			頑張ってきてよかったと思えそう。周囲に感謝を。
25 Mon.	●		きちんと実力をつけていれば、何事も順調にいく日。
26 Tue.			つい反発したくなる出来事が。争わず早めに帰ろう。
27 Wed.		一粒万倍日 不成就日	うまくいかないときは、発想の転換が必要なのかも。
28 Thu.			使わないものでも人に譲ると喜ばれ運気アップ。
29 Fri.			新しい趣味や遊びを始めてみると、夢中になれそう。
30 Sat.			新年度に必要なものを見直して準備しておこう。
31 Sun.			思い切って決断を。どっちつかずにならないように。

● 新月 ◐ 上弦 ● 満月 ◑ 下弦

毎日の運気をチェック!

2024 4 April 新スタートの月

DATE			
1	Mon.		調子が出なくても、笑顔を心がければ開運に。
2	Tue.		真剣に思いを伝えれば、受け止めてもらえるはず。
3	Wed.	一粒万倍日	ダラダラしないで、オンとオフのメリハリをつけて。
4	Thu.	不成就日	悩んだときは、昔お世話になった人に相談しよう。
5	Fri.		家庭的なところを見せてイメージアップを図ってみて。
6	Sat.	一粒万倍日	人に頼らず、自分で達成することに意味があるはず。
7	Sun.		冷たい言い方にならないよう、言葉選びは慎重に。
8	Mon.		何かと邪魔が入るかも。柔軟な対応で切り抜けて。
9	Tue.	一粒万倍日 不成就日	机の周りをきれいにすれば、やる気が湧いてきそう。
10	Wed.		新しいことをスタートするなら今日を選ぼう!
11	Thu.		ウォーキングなど軽い運動をすると運気アップに。
12	Fri.		人生を変える新しい決断をすることになるかも。
13	Sat.		体調が優れないときは、無理せずキャンセルしよう。
14	Sun.		気になる人にアプローチするといい反応がありそう。
15	Mon.		集中できないときは、一旦席を立ってストレッチを。

16 Tue.		何度も耳にする言葉に、今後のヒントがありそう。
17 Wed.	不成就日	努力するあなたの姿を、きっと誰かが見ているはず。
18 Thu.	一粒万倍日	恋のチャンスが訪れそう。積極的にアピールしよう。
19 Fri.		口出しせずそっと見守ることも、優しさの1つ。
20 Sat.		興味があることを追求することで充実する日。
21 Sun.	一粒万倍日	活発に動くよりも、今日はしっかり体を休めて。
22 Mon.		新しく関係を築きたい人にアプローチしてみて!
23 Tue.		エスカレーターより階段を利用して体を動かそう。
24 Wed.		煮え切らない態度はNG。白黒はっきりさせて。
25 Thu.	不成就日	人のトラブルには、安易に近づかないように。
26 Fri.		運が味方する日。気になっていたことに挑戦を。
27 Sat.		おいしい話には落とし穴が。誘惑にはのらないで。
28 Sun.		幼馴染や昔の同級生に連絡しよう。前向きな気持ちに。
29 Mon.		仲間を家に誘って、料理を振る舞うと運気アップ。
30 Tue.	一粒万倍日	のびのび過ごせそう。今日は難しく考えるのは×。

新月 上弦 満月 下弦

毎日の運気をチェック!

2024 5 May 物事を見直す月

DATE			
1	Wed.		自分の考えを押しつけていないか振り返ってみて。
2	Thu.		些細なミスが場合によっては一大事。よく確認を。
3	Fri.	一粒万倍日 不成就日	ストレスを感じる相手なら、連絡を控えるのもあり。
4	Sat.		水辺に行くと、心が整い自分らしさを取り戻せそう。
5 端午の節句	Sun.		連休中も規則正しく生活すると毎日がもっと快適に。
6	Mon.		偏見は捨て、素直に物事を見ると気づきがあるかも。
7	Tue.		休みボケでぼんやり。朝のお風呂で切り替えよう。
8	Wed.		運気の流れがいい日。どんどん自分をアピールして。
9	Thu.		車を運転するよりバスや電車で移動する方が安心。
10	Fri.		薄着の季節に向けて今日から体を鍛え始めよう。
11	Sat.	不成就日	ほめられることがあっても、謙虚さを忘れずに。
12	Sun.		スキルアップのための勉強を始めると運気も上昇。
13	Mon.		頑固にならずに、頭を柔らかくして解決しよう。
14	Tue.		知ったかぶりはNG。わからなければ素直に質問を。
15	Wed.	一粒万倍日	余裕がないときは、無理に引き受けなくてもOK。

16 Thu.	一粒万倍日	何気なく見ている風景も、よく観察すると発見が。
17 Fri.		出会いがありそうな場所には足を運んでおくと吉。
18 Sat.		どっちつかずの態度はNG。意思をはっきり伝えて。
19 Sun.	不成就日	今日は静かなところでゆっくりして心を整えるのが◎。
20 Mon.		大役を任されたら、おしゃれに決めて気合を入れて。
21 Tue.		凡ミスには要注意。確認しながら丁寧に進めよう。
22 Wed.		前向きに再度取り組めば意外な能力が開花するかも。
23 Thu. (満月)		何かと順調に進む日。能力を認めてもらえそう。
24 Fri.		家族と話す時間を作ろう。自分を取り戻せるはず。
25 Sat.		ないものねだりはせず、いまあるものを大切に。
26 Sun.		大きな決断をするのは避けて、少し様子を見よう。
27 Mon.	一粒万倍日 不成就日	忙しくても、借りたものはなるべく早く返却を。
28 Tue.	一粒万倍日	身近なアイテムを最新のモデルにすると運気アップ。
29 Wed.		仕事や勉強への意欲が湧くとき。全力で取り組もう。
30 Thu.	天赦日	キャリアアップのために経験を活かす方法を考えて。
31 Fri. (下弦)		疲れを感じ始めたら、こまめに休憩をとるように。

新月 上弦 満月 下弦

毎日の運気をチェック!

2024 6 June
決断する月

DATE			
1	Sat.		タイミングのいい日。やりたかったことを実行しよう。
2	Sun.		あれこれ試すよりも、1つのことを追求すると◎。
3	Mon.		同じ失敗を繰り返しているなら根本から解決して。
4	Tue.	不成就日	お世話になっている人に小さな差し入れを渡そう。
5	Wed.		悩みから解放されそう。寄り添ってくれた人に感謝。
6	Thu. ●		言葉足らずにならないよう気をつけて丁寧な説明を。
7	Fri.		勢いで購入しないよう、財布の紐をしめておこう。
8	Sat.		縁が切れることがあるかも。未練は残さないで。
9	Sun.		新しいことにチャレンジを。想像以上に楽しめそう。
10	Mon.	一粒万倍日 不成就日	身近なアイテムを新調すると、気が引き締まるはず。
11	Tue.	一粒万倍日	新しい案件は、周りの意見を参考にして決めよう。
12	Wed.		突然の睡魔にご用心。眠気覚ましのアイテムを用意。
13	Thu.		出会いがありそう。自分から連絡先を聞いてみよう。
14	Fri. ◐		楽しい食事会になっても大声の出しすぎには要注意。
15	Sat.		幼馴染や昔の同僚と会うと思わぬ好運が訪れそう。

16 Sun.		運気がいい日。欲しかった物が手に入る可能性大。
17 Mon.		何事もしっかり計画を立てることが成功の秘訣。
18 Tue.	不成就日	急に予定を変更されても、相手を責めたりしないで。
19 Wed.		忘れ物に注意。大事な物は持ち歩かない方がベター。
20 Thu.		無理して関係を続けるより、離れた方がいい場合も。
21 Fri.		関心があることを徹底的に調べてみると運気アップ。
22 Sat.	一粒万倍日	新たに知り合った人とは親しくなれそうな予感。
23 Sun.	一粒万倍日	先延ばしにしていたことがあるなら、取り組むとき。
24 Mon.		曖昧な態度は×。ときにはキッパリ断ることも必要。
25 Tue.		どんどん前に出て、自分をアピールするといい日。
26 Wed.	不成就日	時間があっという間に過ぎそう。気を引き締めて。
27 Thu.		お気に入りの場所に足を運んで気分をリフレッシュ。
28 Fri.		今日は衝動買いはせずに貯蓄に回した方がよさそう。
29 Sat.		相手に合わせて行動することで、お互いハッピーに。
30 Sun. 夏越の祓		思わぬライバルが登場するかも。様子を見よう。

新月 上弦 満月 下弦

2024 7 July

メンテナンスの月

毎日の運気をチェック!

DATE			
1	Mon.		思い通りにいかないときは、流れに身を任せてみて。
2	Tue.		落ち込んだら植物の手入れを。深呼吸も大事。
3	Wed.		行ったことのない場所に足を運ぶと運気アップ。
4	Thu.	一粒万倍日 不成就日	第一印象がよい人でも付き合い始めたら変わるかも。
5	Fri.	一粒万倍日	周囲の人を引っ張っていくつもりで元気に過ごそう。
6	Sat.		気分の浮き沈みが激しくなるかも。ストレス解消を。
7 七夕	Sun.		悩んでいた問題が友達のおかげで解決に向かいそう。
8	Mon.	一粒万倍日	集中力が途切れたら一度立ち上がってストレッチ。
9	Tue.		疲れたときは、甘いものでエネルギーチャージを。
10	Wed.		欲しかったアイテムが、思いがけず手に入るかも。
11	Thu.	不成就日	大事な約束は、忘れないようすぐ手帳に書いて。
12	Fri.		自分勝手な言動は控え、相手の立場も考えてみよう。
13	Sat.		今日は外出より、家でのんびり過ごすとよさそう。
14	Sun.		振り回されてばかりの相手なら、距離を置くのも手。
15	Mon.		興味があることについて、情報収集をするといい日。

16 Tue.			苦手と思っていた人と話してみよう。意外と意気投合。
17 Wed.		一粒万倍日	美容に力を入れると吉。紫外線対策はしっかりと。
18 Thu.			疲れが溜まっているかも。スタミナのつく料理を。
19 Fri.		不成就日	1人で抱え込まないで。周りに頼ることも大事。
20 Sat.		一粒万倍日	おいしくても食べすぎに注意。腹八分目を心がけて。
21 Sun.	○		懐かしい人と連絡をとると、お得な情報が得られそう。
22 Mon.			お金の管理方法を見直そう。出費を抑えられるはず。
23 Tue.			意地を張ってもいいことなし。素直になるように。
24 Wed.			誘惑されてものらないのが一番。何か裏があるかも。
25 Thu.			自分の直感よりも、周囲のアドバイスに従うと◎。
26 Fri.			期待通りにいかないときもあるもの。諦めも肝心。
27 Sat.		不成就日	冷房で体を冷やさないよう、羽織るものを持参して。
28 Sun.	◑		人に合わせすぎると、自分のやりたいことが疎かに。
29 Mon.		天赦日 一粒万倍日	パートナーがいるなら、将来について話すといい日。
30 Tue.			夏バテしないよう、食事と睡眠はしっかりとって。
31 Wed.			運気は上向きに。みんなに頼られて活躍できそう。

● 新月 ◐ 上弦 ○ 満月 ◑ 下弦

2024 **8** August

毎日の運気をチェック!

努力が報われる月

DATE		
1 Thu.	一粒万倍日	親しい相手だとしても、きちんと言葉で伝えよう。
2 Fri.		読んだことのある小説や漫画に、今後のヒントが。
3 Sat.		夢の実現に向けて一歩前進。ささやかなお祝いを。
4 Sun. ●		希望を感じられる日。頑張ってきた自分にご褒美。
5 Mon.		冷たい印象にならないよう、丁寧な言葉遣いを。
6 Tue.	不成就日	年下の人に振り回されるかも。単独行動がベター。
7 Wed.		少しでもわからないところがあるなら、確認しよう。
8 Thu.		暑さでぼんやりしそう。冷たい新商品でシャキッと。
9 Fri.		初めて聞く言葉は辞書ですぐ調べて。知識が増えて◎。
10 Sat.		夏のイベントに参加を。想像以上に楽しめるはず。
11 Sun.	一粒万倍日	集まりの場では笑顔を心がけると、周囲もハッピー。
12 Mon.	天赦日	素敵な出会いがある予感。相手もその気かも!?
13 Tue. ◐		コミュニケーション不足は、トラブルの原因に。
14 Wed.	不成就日	一度諦めたことに、再度挑戦する準備をしよう。
15 Thu.		香りのいい入浴剤で、ちょっと贅沢なバスタイムを。

16 Fri.		一粒万倍日	努力してきたことが報われそう。周りに感謝して。
17 Sat.			自分の意見を貫くより、流れに身を委ねてみよう。
18 Sun.			何かと予定通りにいかない日。のんびりかまえて。
19 Mon.			大事なことを見落としていないかもう一度チェック。
20 Tue.	○		To Do リストを作ろう。作業が効率的に!
21 Wed.			チャンスが回ってくるかも。躊躇せずにつかんで。
22 Thu.		不成就日	空いた時間に軽く体を動かすと、リフレッシュに。
23 Fri.		一粒万倍日	夏の疲れが出やすいとき。自分を労ってあげて。
24 Sat.			運が味方する日。ラッキーな出来事が起きそう。
25 Sun.			まだ遊んでいたくても、明日の予定に備えて帰宅して。
26 Mon.	◑		うまくいかなくても再トライすることに意味がある!
27 Tue.			応援してくれる人の存在を思い出して頑張ろう。
28 Wed.		一粒万倍日	親しい人との些細な会話に、問題解決のヒントが。
29 Thu.			予定が狂ってしまうかも。まっすぐ帰宅しよう。
30 Fri.		不成就日	うまくいかないときは割り切って気分転換して。
31 Sat.			判断ミスをしてしまいそう。じっくり考えて行動を。

● 新月 ◐ 上弦 ○ 満月 ◑ 下弦

2024 9 September

毎日の運気をチェック!

誘惑が多い月

DATE		
1 Sun.		朝から気分のいい日。心地よい場所へ出かけよう。
2 Mon.		些細なやりとりに、重要なことが隠されているかも。
3 Tue. ●		仲よくなりたい人には、まずは自分から心を開いて。
4 Wed.	一粒万倍日 不成就日	1日頑張ったなら、早めに帰って湯船に浸かろう。
5 Thu.		注目されやすい日。おいしい話には注意。
6 Fri.		いい商品を見つけても、飛びつかずに一度考えて。
7 Sat.		気まずい関係だった友達と今日なら仲直りできそう。
8 Sun.		外出先で、お金の計算を間違えないように注意。
9 Mon. 重陽の節句		運気は夕方から下り坂。大事な用事は午前中に。
10 Tue.		目立つことはせずに、黙々と仕事や勉強を進めよう。
11 Wed. ◐		1人で行動した方が、何かとスムーズにいく日。
12 Thu.	一粒万倍日 不成就日	机やバッグの中身を整理。頭もスッキリさせて。
13 Fri.		気になるお店に入ってみると、いいことがありそう。
14 Sat.		明るい色の服を着て外出。考え方がポジティブに。
15 Sun.		あれこれ手を出すよりも一番好きなことに集中して。

16 Mon.		季節の変わり目。羽織るものをもって出かけよう。
17 Tue. 中秋の名月	一粒万倍日	テキパキ動けば、周囲からの評価もぐんとアップ。
18 Wed. ○		他人の頑張りを認めてほめてあげる余裕をもとう。
19 Thu.		昔、仲よかった人と連絡をとると元気をもらえそう。
20 Fri.	不成就日	使わないサービスは解約。無駄遣いをなくす工夫を。
21 Sat.		感謝の気持ちを忘れないことが、幸せになる秘訣。
22 Sun.		運気はやや低迷。意見が分かれたときは譲ると◎。
23 Mon.		食わず嫌いはもったいない。試しに挑戦してみて。
24 Tue.	一粒万倍日	いらなくなったものを手放すと、心も晴れやかに。
25 Wed. ◑		普段は通らないルートを選ぶと、発見がありそう。
26 Thu.		勉強会には積極的に顔を出して。人脈が広がるはず。
27 Fri.		ケンカがヒートアップする前に、一度深呼吸をして。
28 Sat.	不成就日	落ち込みやすいとき。無理せずゆっくり休息をとろう。
29 Sun.	一粒万倍日	エネルギーが湧いてきそう。積極的に行動すると吉。
30 Mon.		環境を変えたくなるかも。リサーチから始めよう。

● 新月 ◐ 上弦 ○ 満月 ◑ 下弦

毎日の運気をチェック!

2024 10 October 再挑戦できる月

DATE		
1 Tue.		心配してくれる人のアドバイスは素直に受け止めよう。
2 Wed.		魅力が増すとき。誘われたら思い切ってのってみて。
3 Thu. ●	不成就日	冒険はせず、親しい人といつも通りに過ごそう。
4 Fri.		十分に計画を立ててから行動するのが開運への道。
5 Sat.		相手をよく知らないうちは、関係を進めない方が◎。
6 Sun.	一粒万倍日	時間があるときに、部屋を整理整頓しておこう。
7 Mon.		調べ物をするといい日。新しい情報が見つかる予感。
8 Tue.		一度ダメだったことにリベンジすると成功するかも。
9 Wed.	一粒万倍日	ゴールを見失ったときは、初心を思い出してみて。
10 Thu.		少しでも具合が悪いなら病院で診てもらう方が安心。
11 Fri. ◐	天赦日 不成就日	意外な人から好意を寄せられるかも。よく見極めて。
12 Sat.	一粒万倍日	決断をするのはもう少し先にして、いまを楽しもう。
13 Sun.		懐かしい人から連絡があったら会う約束をすると吉。
14 Mon.		気になっていた人と急接近。積極的にアプローチ!
15 Tue.		頑張っている友達と話すことで自分まで前向きに。

16 Wed.		眼精疲労に注意。スマホを見る時間を減らしてみて。
17 Thu. ●		失敗したとしても、学べることがたくさんあるはず。
18 Fri.		雲行きが怪しくなったら、予定を変更するのもあり。
19 Sat.	不成就日	マイナスの出来事も、柔軟に考えてプラスに転換。
20 Sun.		10 分でも筋トレやストレッチをして体を動かそう。
21 Mon.	一粒万倍日	判断力が高まる日。迷っていたことに結論が出そう。
22 Tue.		スタミナのつく料理で、多忙な毎日を乗り切ろう。
23 Wed.		今日は上品な装いで出かけよう。注目が集まるかも。
24 Thu. ◑	一粒万倍日	小さなミスに気をつけて。よく確認すれば大丈夫。
25 Fri.		思い出のある場所に足を運ぶと好運につながりそう。
26 Sat.		運気がいい日。続けてきたことの結果が出る予感。
27 Sun.	不成就日	遊びや趣味を楽しみたくても休息を優先させて。
28 Mon.		今日の仕事は今日のうちに終わらせておくように。
29 Tue.		びっくりする知らせがあるかも。冷静に受け入れて。
30 Wed.		支払いの期限などが過ぎていないかチェックしよう。
31 Thu.		お金の勉強を始めるなら、今日から手をつけるのが◎。

● 新月 ◐ 上弦 ● 満月 ◑ 下弦

2024 11 November
吉凶混ざり引きが強い月

毎日の運気をチェック!

DATE			
1 Fri.	●		お店に立ち寄って流行りのファッションをチェック。
2 Sat.		一粒万倍日	時間をかけて考えれば、最善の答えが出せるはず。
3 Sun.			調子が出ないときは、家でのんびり過ごすのもあり。
4 Mon.		不成就日	長く続けてきたことが一段落。素直に喜ぼう。
5 Tue. 一の酉		一粒万倍日	厳しい指摘を受けても、前向きに受け入れると吉。
6 Wed.			これまでの努力が報われそう。どんどん前に出て。
7 Thu.			うれしい言葉をもらえたり新しい出会いがあるかも。
8 Fri.			何かとうまくいきそう。感謝の気持ちを忘れずに。
9 Sat.	◐		驚くような出来事があっても、落ち着いて行動を。
10 Sun.			困ったことがあったら、周囲に助けを求めよう。
11 Mon.			口がすべってしまうかも。お喋りはほどほどにして。
12 Tue.		不成就日	やる気が起きなくても、とりあえず始める準備を。
13 Wed.			外の世界に目を向けると、新しい発想が浮かびそう。
14 Thu.			成果が出やすい日。スキルアップにつながる挑戦を。
15 Fri.			外食するよりも、夜は自宅で料理をするのが◎。

16 Sat. ○		今後につながる出会いがあるかも。縁を大切に。
17 Sun. 二の酉	一粒万倍日	欲しかった商品が見つかり、いい買い物ができそう。
18 Mon.	一粒万倍日	年末年始に旅行に行くなら懐かしい場所を選んで。
19 Tue.		いつの間にか実力がつき、いい結果が出せるように。
20 Wed.	不成就日	パートナーの愛情や優しさには、きちんとお返しを。
21 Thu.		自分中心でいるよりも相手のためを思って行動して。
22 Fri.		面倒を押し付けられるかも。簡単に終わらせよう。
23 Sat. ◑		関係が冷めきってしまったら、お別れするのもあり。
24 Sun.		信頼できる人に悩みを打ち明けると新しい解決法が。
25 Mon.		目標に向かって、しっかり作戦を立てておこう。
26 Tue.		直感で選んだ洋服を周りからほめてもらえそう。
27 Wed.		ライバルが現れるかも。いい刺激になると思って。
28 Thu.	不成就日	食事会での自然な出会いが今後につながる可能性が。
29 Fri. 三の酉	一粒万倍日	不安や悩みを親しい人に話すと解決しそう。
30 Sat.	一粒万倍日	懐かしい友達に連絡してみよう。うれしい情報が。

● 新月 ◐ 上弦 ○ 満月 ◑ 下弦

2024 12 December 振り返ってみる月

毎日の運気をチェック!

DATE			
1	Sun.		ハッピーな報告がありそう。みんなでお祝いして。
2	Mon.		頼まれたときは、快く引き受けると運気アップに。
3	Tue.		忙しい時期だけど、焦らず落ち着いて進めよう。
4	Wed.		妬まれてしまうかも。派手な行動はしないで。
5	Thu.	不成就日	いらなくなった物は、少しずつでも処分しよう。
6	Fri.		今年の目標を達成していないならラストスパート!
7	Sat.		いろいろな人と話して掲げた目標に向けて準備を。
8	Sun.		年末年始の予定を固めて、できることを始めよう。
9	Mon.		マッサージや整体などで、体のコリをほぐすと吉。
10	Tue.		スピードを心がけることで、いい運気にのれそう。
11	Wed.		小さなミスが増えるとき。何度もチェックして回避。
12	Thu.		思い出のあるアイテムを持ち歩くと運気アップに。
13	Fri.	一粒万倍日 不成就日	家庭的な面をアピールすると印象がよくなりそう。
14	Sat.	一粒万倍日	感謝の気持ちをしっかり言葉で伝えると吉。
15	Sun.		電車の遅延に要注意。時間に余裕をもった行動を。

16	Mon.		忘年会が続く年末でも今日は胃腸を休ませよう。
17	Tue.		長居するよりは、早めに切り上げた方がよさそう。
18	Wed.		普段話さない人と交流を。いい人脈が広がるはず。
19	Thu.		体調を崩しそう。無理をしないでこまめに休憩を。
20	Fri.		集まりの場では、盛り上げ役になるとGOOD。
21	Sat. 冬至	不成就日	疲れが溜まっているみたい。今日はゆっくりしよう。
22	Sun.		出会いに期待。目上の人からの紹介は特によさそう。
23	Mon. ◑		集中力が続かないなら、散歩に出るといいかも。
24	Tue.		最初はできなくても繰り返し挑戦すれば大丈夫。
25	Wed.	一粒万倍日	クリスマスらしいロマンチックな出来事がありそう。
26	Thu.	天赦日 一粒万倍日	今年お世話になった人たちに、お礼のメッセージを。
27	Fri.		少しずつ掃除を始めておこう。予定を立ててみて。
28	Sat.		短時間でもいいので、1人になる時間を確保して。
29	Sun.	不成就日	思うようにいかないなら、流れに任せるのもあり。
30	Mon.		出かけるときは新しいアイテムを身につけてみよう。
31	Tue. ● 大晦日		今年を振り返り、頑張った自分を労ってあげて。

● 新月 ◐ 上弦 ● 満月 ◑ 下弦

OTHER PROFILE

他の天星のプロフィール

天星は全部で12タイプ。
自分以外の天星についても知って、
人付き合いに役立ててくださいね。

Profile

載っていること

基本性格

各天星のトリセツ

2024年の開運のカギ

開運色・アイテム・スポット

2024年の開運相性

その星から見た基本の相性

柔らかな愛と
“繊細な光のエネルギー”をもつ

月
グループ

バランス感覚と
“自然な光のエネルギー”をもつ

地球
グループ

秘めたパワーと
“情熱の光のエネルギー”をもつ

太陽
グループ

満月

情にあふれたロマンチスト

基本性格

想像力が豊かで温かい心をもったロマンチストな反面、冷静で現実主義的に考える面ももち合わせているタイプ。周囲の人を気遣い、困っている人を放っておけない優しさがあるため、知らないうちに気疲れしてしまいがちです。安心してのんびりできる居場所を用意して、自分を癒すことも大切に。

満月のトリセツ

⬆好きなこと・喜ぶこと

- 温泉にゆったり浸かる
- サプライズ（する、される）
- 喜んでくれる人、素直な人
- 好きなだけ寝ること
- 趣味や遊びの共有
- 優しい言葉をかけられる

⬇嫌がること・ストレスになること

- 余裕がない状況
- 不安や心配を抱え込む
- 競争、戦い
- 無視や仲間はずれ
- 威圧的な態度
- 否定的な人、無神経な人

2024年の開運のカギ

やるといいこと	生活に運動や筋トレを取り入れる
気をつけるべきこと	オン・オフの切り替え、自律神経を整える

2024年の開運相性

恋愛運を上げる天星	仕事運をのばす天星	金運をのばす天星
満月 × 上弦の月	満月 × 満月	満月 × 夕焼け

基本の開運色
紫

2024年の開運色
ミントグリーン

2024年の開運アイテム
手帳型スマホケース

2024年の開運スポット
フラワーパーク

天星タイプ別 基本の相性

満月 × 満月	★★★★★	満月 × 大陸	★★★☆☆
満月 × 上弦の月	★★★★★	満月 × 海	★☆☆☆☆
満月 × 下弦の月	★★★★☆	満月 × 朝日	★★☆☆☆
満月 × 新月	★★★★☆	満月 × 真昼	★★★★☆
満月 × 空	★★★☆☆	満月 × 夕焼け	★★★★☆
満月 × 山脈	★★★☆☆	満月 × 深夜	★☆☆☆☆

上弦の月

無邪気で警戒心の強い癒し系

基本性格

美的感覚が鋭く、慎重そうに見えて直感型のタイプ。警戒心は強いですが根が純粋なので、いい人だなと感じるとすぐ信じてしまうことも。仲がいいと無意識のうちにわがままになりやすく、愛が感じられないと不安定になる一面も。自分を認めてくれ、安らぎをくれる人といることが開運につながります。

上弦の月のトリセツ

⬆好きなこと・喜ぶこと

- 好きな人と過ごすこと
- 優しく気遣われること
- お姫様、王子様扱い
- 安心できる場所や人
- すぐ返信、すぐ対応
- 親しい人との飲み

⬇嫌がること・ストレスになること

- 放置される、既読スルー
- 頑張りを評価されないこと
- 人と比べられること
- 突然のお誘い
- アウェイな場所
- 思い通りにいかない環境

2024年の開運のカギ

やるといいこと	好きなことに没頭する
気をつけるべきこと	胃の不調。休息をしっかりとる

2024年の開運相性

恋愛運を上げる天星	仕事運をのばす天星	金運をのばす天星
上弦の月×満月	上弦の月×真昼	上弦の月×空

基本の開運色
白

2024年の開運色
トマトレッド

2024年の開運アイテム
パワーストーン

2024年の開運スポット
水がキレイな場所

天星タイプ別 基本の相性

上弦の月×満月	★★★★★	上弦の月×大陸	★★★☆☆
上弦の月×上弦の月	★★★★☆	上弦の月×海	★★★★☆
上弦の月×下弦の月	★☆☆☆☆	上弦の月×朝日	★★★★☆
上弦の月×新月	★★☆☆☆	上弦の月×真昼	★★★★☆
上弦の月×空	★★☆☆☆	上弦の月×夕焼け	★★★★☆
上弦の月×山脈	★★☆☆☆	上弦の月×深夜	★★☆☆☆

下弦の月

ノリで勝負な愛嬌の達人

基本性格

好奇心旺盛で大器晩成型の気質をもち、出世するタイプ。仲よくなると気さくで、興味があることであれば臨機応変に対応できるなど順応性は高め。ただし飽きっぽくて集中力のないところがあり、興味のない話は聞いている風。根は明るく少し抜けている天然タイプですが、そこが大きな魅力です。

下弦の月のトリセツ

⬆好きなこと・喜ぶこと

- 好きな人たちからの応援
- 家族にほめられること
- 可能性を広げてくれる人
- 無添加や体によいもの
- 一流に触れること
- 自分を尊重してくれる人

⬇嫌がること・ストレスになること

- 否定されること
- 間違いを正されること
- 忘れないでと強制される
- 孤独感
- 「好き」を共感されない
- 責任を問われること

2024年の開運のカギ

やるといいこと	責任をもって何事も最後までやり抜く
気をつけるべきこと	キツイ口調や上辺だけの返事

2024年の開運相性

恋愛運を上げる天星	仕事運をのばす天星	金運をのばす天星
下弦の月 × 空	下弦の月 × 大陸	下弦の月 × 真昼

基本の開運色
黄色

2024年の開運色
ピンクベージュ

2024年の開運アイテム
財布

2024年の開運スポット
神社仏閣

天星タイプ別 基本の相性

組み合わせ	相性	組み合わせ	相性
下弦の月 × 満月	★★☆☆☆	下弦の月 × 大陸	★★★★★
下弦の月 × 上弦の月	★★★★☆	下弦の月 × 海	★★★★☆
下弦の月 × 下弦の月	★★★☆☆	下弦の月 × 朝日	★☆☆☆☆
下弦の月 × 新月	★☆☆☆☆	下弦の月 × 真昼	★★★☆☆
下弦の月 × 空	★★★★☆	下弦の月 × 夕焼け	★★★★☆
下弦の月 × 山脈	★★★☆☆	下弦の月 × 深夜	★★★★★

新月

想像力が豊かな寂しがり屋

基本性格

想像力が豊かでクリエイティブな発想に優れています。芸術的センスも抜群。本心を隠す傾向があり、警戒心が強い反面、本質は寂しがり屋です。心を許せる相手には本当の自分をさらけ出すことができます。自分の信念をもち、知識や能力を高めることに集中するといい方向にいくでしょう。

新月のトリセツ

⬆好きなこと・喜ぶこと

- マメな連絡、情報の共有
- 記念日を大切にすること
- 真剣な話し合い
- 気にかけてくれる人
- 好きなものを写真に収める
- 自分の考えに寄り添う人

⬇嫌がること・ストレスになること

- いい加減な態度
- 既読スルー
- 苦しみを分かち合えない
- 場を乱す人
- SOSを見過ごされる
- ひとりぼっちにされる

2024年の開運のカギ

やるといいこと	感動体験やワクワクすることをしてみる
気をつけるべきこと	自信をなくさない

2024年の開運相性

恋愛運を上げる天星	仕事運をのばす天星	金運をのばす天星
新月×深夜	新月×夕焼け	新月×朝日

基本の開運色
銀色

2024年の開運色
エメラルドグリーン

2024年の開運アイテム
ピンキーリング

2024年の開運スポット
星空がキレイな場所

天星タイプ別 基本の相性

新月×満月 ★★★★☆	新月×大陸 ★★★☆☆
新月×上弦の月 ★★★★☆	新月×海 ★★★★☆
新月×下弦の月 ★★☆☆☆	新月×朝日 ★★★★★
新月×新月 ★☆☆☆☆	新月×真昼 ★★★★☆
新月×空 ★★★★☆	新月×夕焼け ★☆☆☆☆
新月×山脈 ★★☆☆☆	新月×深夜 ★★★★☆

★ 空 ★

包容力豊かな頑張り屋さん

基本性格

面白そうなことが大好きで、寛大な心のもち主。面倒見がよく困っている人を放っておけず、つい張り切ってしまうタイプ。自分に自信がないため人と比べ落ち込むと愚痴が多めに。どこか抜けていてツメが甘い面がある一方、仕事と恋愛の両立も得意な頼れるマルチプレーヤー。見栄っ張りで身内に冷たくなる傾向も。

空のトリセツ

⬆好きなこと・喜ぶこと

- いきつけの場所に行く
- 手土産（もらう、あげる）
- 気の合う人と食事＆談笑
- 自慢できる環境
- 満足感がある買い物
- お茶の時間

⬇嫌がること・ストレスになること

- 注意されること
- プライドを傷つけられる
- 仕事を邪魔される
- 異性関係に口出しされる
- すぐに対応しない人
- 待たされること

2024年の開運のカギ

やるといいこと　食のバランスを大切にし、欲を制御

気をつけるべきこと　体の不調のサインを見過ごさない

2024年の開運相性

恋愛運を上げる天星	仕事運をのばす天星	金運をのばす天星
空 × 下弦の月	空 × 朝日	空 × 上弦の月

基本の開運色	2024年の開運色	2024年の開運アイテム	2024年の開運スポット
水色	白	キーケース	レトロな喫茶店

天星タイプ別 基本の相性

空 × 満月	★★★☆☆	空 × 大陸	★★☆☆☆
空 × 上弦の月	★★★★☆	空 × 海	★★★★☆
空 × 下弦の月	★★★★☆	空 × 朝日	★★☆☆☆
空 × 新月	★★☆☆☆	空 × 真昼	★★★★☆
空 × 空	★★★★★	空 × 夕焼け	★★☆☆☆
空 × 山脈	★★★★☆	空 × 深夜	★★★★★

★ 山脈 ★

平和主義なお茶目さん

基本性格

1つひとつ着実に自信をつけ、協調性を重んじる安定志向タイプ。興味をもてない人付き合いは面倒に思いがちですが、周りを和ませる愛嬌があり、実は幅広い交友関係を築ける社交性を隠しもっています。ドライなリアリストで論理的な面も。ほめられたり、認められることで大きく成長します。

山脈のトリセツ

⬆好きなこと・喜ぶこと

- 自然なほめまくり攻撃
- 自分の目標をクリア！
- 自分のペースで進行
- お得を感じること
- 趣味に没頭できること
- レアな物、価値がある物

⬇嫌がること・ストレスになること

- 面倒くさいこと
- 自分に無関係な話
- 効率が悪いこと
- タスクが終わらない状況
- 騒がしい場所や大きな音
- 非常識なこと

2024年の開運のカギ

やるといいこと	1人の時間やリフレッシュを大切に
気をつけるべきこと	自分にも人にも厳しくしない

2024年の開運相性

恋愛運を上げる天星	仕事運をのばす天星	金運をのばす天星
山脈×**海**	山脈×**山脈**	山脈×**大陸**

基本の開運色
緑

2024年の開運色
黄色

2024年の開運アイテム
トートバッグ

2024年の開運スポット
緑が多く静かな場所

天星タイプ別 基本の相性

山脈×満月 ★★★☆☆	山脈×大陸 ★★☆☆☆
山脈×上弦の月 ★★☆☆☆	山脈×海 ★★★☆☆
山脈×下弦の月 ★★★★★	山脈×朝日 ★★★★☆
山脈×新月 ★☆☆☆☆	山脈×真昼 ★☆☆☆☆
山脈×空 ★★★★☆	山脈×夕焼け ★★★☆☆
山脈×山脈 ★★★★☆	山脈×深夜 ★★★☆☆

大陸

冷静沈着な感性先取りタイプ

基本性格

才能豊かで独自のセンスのもち主。穏やかに見えて正義感が強く、決断が早く勝気なところも。情にもろく義理堅い面もあり、一旦やると決めたらやり抜く責任感の強い人です。実は慎重で小心者なので無意識のうちに自分を守ろうとしますが、親しい人の間では可愛いムードメーカーになるタイプです。

大陸のトリセツ

⬆好きなこと・喜ぶこと

- 憧れ、尊敬されること
- 成功すること
- すべて把握できる環境
- 自分が1番の状況
- 時間配分通りに進むこと
- ストレス解消の買い物

⬇嫌がること・ストレスになること

- バカにされること
- 口だけの人
- 手柄を奪われること
- 自分から折れること
- 弱い面を見破られること
- 服装やセンスへの口出し

2024年の開運のカギ

やるといいこと	“笑い”を大切にしてみる
気をつけるべきこと	すべて1人で抱え込まない

2024年の開運相性

恋愛運
を
上げる天星

大陸
×
夕焼け

仕事運
を
のばす天星

大陸
×
下弦の月

金運
を
のばす天星

大陸
×
山脈

基本の
開運色

赤

2024年の
開運色

シルバー

2024年の
開運アイテム

ネイル
ハンドクリーム

2024年の
開運スポット

湧き水が
おいしい所

天星タイプ別 基本の相性

大陸 × 満月 ★★★☆☆	大陸 × 大陸 ★★★☆☆
大陸 × 上弦の月 ★★★★☆	大陸 × 海 ★★★★☆
大陸 × 下弦の月 ★★★☆☆	大陸 × 朝日 ★★★★★
大陸 × 新月 ★★☆☆☆	大陸 × 真昼 ★☆☆☆☆
大陸 × 空 ★★★★☆	大陸 × 夕焼け ★★★★☆
大陸 × 山脈 ★★☆☆☆	大陸 × 深夜 ★★★☆☆

★海★

二面性を隠しもった完璧主義者

基本性格

広く穏やかな海のように優しい雰囲気をもつ反面、完璧主義で深い海のように底知れぬ野心を隠しもっているタイプ。奥深くには、自分を守る強力な保護があり、自分軸が強め。人を信用するまで時間がかかります。自分でも自覚できていない思い込みや思考の癖をもつ実は頑固な人。本音を語らず、少々ドライな一面もあります。

海のトリセツ

⬆好きなこと・喜ぶこと

- 特別扱いされること
- 若く見られほめられること
- 丁寧にお礼を言われる
- ツボを押さえたほめ言葉
- 理解してもらえること
- 秘密を共有した優位な状況

⬇嫌がること・ストレスになること

- 自分のルールを変えること
- 人前で怒られること
- 自分をさらけ出すこと
- 短所を指摘してくる人
- 土足で踏み込まれること
- 思い通りにならないこと

2024年の開運のカギ

やるといいこと	謙虚な気持ちで心からの感謝をする
気をつけるべきこと	自分の固定観念に捉われない

2024年の開運相性

恋愛運を上げる天星	仕事運をのばす天星	金運をのばす天星
海×真昼	海×深夜	海×朝日

基本の開運色
青

2024年の開運色
オレンジ

2024年の開運アイテム
ゴールドピアス イヤリング

2024年の開運スポット
動物がいる場所

天星タイプ別 基本の相性

海×満月	★★☆☆☆	海×大陸	★★★☆☆
海×上弦の月	★☆☆☆☆	海×海	★☆☆☆☆
海×下弦の月	★★★☆☆	海×朝日	★★★☆☆
海×新月	★★☆☆☆	海×真昼	★★★☆☆
海×空	★★★★☆	海×夕焼け	★☆☆☆☆
海×山脈	★★★★☆	海×深夜	★★★★★

★朝日★

自由気ままな気分屋さん

基本性格

マイペースで冒険心旺盛、楽しいことが大好き。実は人見知りですが、趣味やノリが同じ人とはすぐに仲よくなれます。根は無邪気で、意外に単純。枠にはまらず自由に生きたいという願望も。飽きっぽいですが、気分がのれば驚くほどの行動力を発揮し、周りを驚かせることもあります。

朝日のトリセツ

⬆好きなこと・喜ぶこと

- 自由な自分の時間
- 好きなことをやれる環境
- 優位に立てる状況
- 尊敬されること
- ゲームや漫画タイム
- 趣味やノリが同じこと

⬇嫌がること・ストレスになること

- 強制されること
- ルールを無視する人
- 細かい指示や確認作業
- 自分の時間を邪魔する人
- 比べられたりバカにされる
- 逃げ場がないこと

2024年の開運のカギ

やるといいこと	スマホより目の前の相手を大切に
気をつけるべきこと	ケガ。損得勘定で物事を決めない

2024年の開運相性

恋愛運を上げる天星	仕事運をのばす天星	金運をのばす天星
朝日×山脈	朝日×空	朝日×新月

基本の開運色
蛍光色

2024年の開運色
ゴールド

2024年の開運アイテム
帽子

2024年の開運スポット
歴史を感じる場所

天星タイプ別 基本の相性

組み合わせ	相性	組み合わせ	相性
朝日×満月	★★☆☆☆	朝日×大陸	★★★★★
朝日×上弦の月	★★★★☆	朝日×海	★★★☆☆
朝日×下弦の月	★☆☆☆☆	朝日×朝日	★★★★☆
朝日×新月	★★★★☆	朝日×真昼	★★★★☆
朝日×空	★☆☆☆☆	朝日×夕焼け	★★☆☆☆
朝日×山脈	★★★★☆	朝日×深夜	★★☆☆☆

夕焼け

悠然としている頑張り屋さん

基本性格

強い信念をもち、一度目標を決めると秘めたパワーで突き進み、頑張る姿を人に見せたがらない、コツコツマイペースな陰の努力家です。壁があるように見えますが、意外と単純。要領がよく、根拠のない自信をもち合わせています。思考は論理的。実は打たれ弱く、少し短気な面も。好き嫌いがわかりやすい人です。

夕焼けのトリセツ

⬆好きなこと・喜ぶこと

- 包容力のある人に包まれる
- 得意なことをほめられる
- 過去の栄光への称賛
- 自分を好きな仲間といる
- 刺激を得ること
- マッサージ

⬇嫌がること・ストレスになること

- バカにされること
- 高圧的な態度や発言
- 自分を否定する人
- 不安にさせる言葉
- パーソナルスペースに入られること
- ダメ出し

2024年の開運のカギ

やるといいこと	家の中を整理し居心地のよい空間に
気をつけるべきこと	連絡は即レスを心がけ、溜めない

2024年の開運相性

恋愛運を上げる天星	仕事運をのばす天星	金運をのばす天星
夕焼け × 大陸	夕焼け × 新月	夕焼け × 満月

基本の開運色
桜色

2024年の開運色
紫

2024年の開運アイテム
お香

2024年の開運スポット
懐かしさを感じる場所

天星タイプ別 基本の相性

夕焼け × 満月 ★★★☆☆	夕焼け × 大陸 ★★★★☆
夕焼け × 上弦の月 ★★☆☆☆	夕焼け × 海 ★★★★☆
夕焼け × 下弦の月 ★★★☆☆	夕焼け × 朝日 ★★☆☆☆
夕焼け × 新月 ★☆☆☆☆	夕焼け × 真昼 ★★☆☆☆
夕焼け × 空 ★★☆☆☆	夕焼け × 夕焼け ★★★★☆
夕焼け × 山脈 ★★★★☆	夕焼け × 深夜 ★★★★★

★深夜★

束縛を嫌う個性豊かな変わり者

基本性格

独特の感性や個性をもち、不思議な雰囲気をまとっています。自分のペースや世界を大切にし、我が道を進むタイプで、本当に好きなことは納得いくまでレベルを上げる頑張り屋。意地っ張りな面もあり、なかなか本心を伝えることができませんが、理解してくれる相手には深い愛情を注ぎます。

深夜のトリセツ

⬆好きなこと・喜ぶこと

- 自分だけの時間と空間
- パワースポット巡りの旅
- 楽しい毎日を送ること
- 本能に従って生きること
- うまく立ててもらうこと
- 休息をとること

⬇嫌がること・ストレスになること

- 根掘り葉掘り聞かれること
- 無駄なこと
- 状況を説明すること
- 偉そうな態度や人
- 束縛されること
- やりたいことを阻まれる

2024年の開運のカギ

やるといいこと	やりたいことリストを作る
気をつけるべきこと	紛失注意。データはバックアップを

2024年の開運相性

恋愛運を上げる天星	仕事運をのばす天星	金運をのばす天星
深夜 × 新月	深夜 × 深夜	深夜 × 海

基本の開運色	茶色
2024年の開運色	緑
2024年の開運アイテム	ブレスレット
2024年の開運スポット	温泉地

天星タイプ別 基本の相性

深夜 × 満月	★★☆☆☆	深夜 × 大陸	★★★☆☆
深夜 × 上弦の月	★★★★☆	深夜 × 海	★★★☆☆
深夜 × 下弦の月	★★★★★	深夜 × 朝日	★★★★☆
深夜 × 新月	★★☆☆☆	深夜 × 真昼	★☆☆☆☆
深夜 × 空	★★★☆☆	深夜 × 夕焼け	★★★☆☆
深夜 × 山脈	★★★★☆	深夜 × 深夜	★★★☆☆

★★★天星別 特徴

RANKING

誘惑に弱い天星ベスト3

★1位★

空

誘惑したりされたり、流されやすく、ミーハー気質で、欲に負けやすい傾向あり。

★2位★

大陸

情にもろく、押しにも弱め。基本的には好きな人としか一緒にいたくないタイプ。

★3位★

上弦の月・山脈

錯覚が入りやすく騙されやすい上弦の月と、楽しくなるとワクワクが止められない山脈。

考えすぎてしまう天星ベスト3

★1位★

満月

自分に自信がなく、実は気にしい。大丈夫かどうか些細な言動に敏感に反応し、スローダウン。

★2位★

上弦の月

一度気になると、解決するまでモヤモヤ考え、こんがらがって、我慢しすぎて体調ダウン。

★3位★

新月・真昼・深夜

妄想モードで心が弱りやすい新月。考える方向がズレやすい真昼。生きづらさを感じる深夜。

ケチな天星ベスト3

★1位★

山脈

節約家で貯金が趣味。人にはお金を使いたくないが、自分の欲しいものには投資。

★2位★

深夜

合理性を考えて基本ワリカン。誰かのために使う概念はないが、自分に利があるなら惜しみなく使う。

★3位★

夕焼け

お金には細かく現実的。損得勘定が敏感に働く。自分のためだと金銭感覚が疎くなりがち。

ランキング ★★★

人を信用しない天星ベスト3

★1位★ 海

基本的に自分を守る。人は全員嘘つき、裏切ると過去の経験から決めつけていて、警戒している。

★2位★ 新月

直感でピンとこなければ心を開かない。相手を警戒し、いろんな角度から探る。会話する時間次第。

★3位★ 下弦の月・大陸

どちらも人は好き。上辺を合わせじっくり吟味する下弦の月。熱く語り価値観の一致で深まる大陸。

不安にさせてはいけない天星ベスト3

★1位★ 新月

ネガティブスイッチあり。実はカマチョさんタイプ。何もかも嫌になると、殻に閉じこもる傾向が。

★2位★ 夕焼け

強がっていても実は心配性。常に不安あり。空回りすると余裕がなくなり不満爆発。

★3位★ 上弦の月・下弦の月

安心しないと落ち着かない上弦の月。不安から不満になりシャットダウンして逃げたくなる下弦の月。

見栄っ張りな天星ベスト3

★1位★ 朝日

ついつい大人のふりをしてカッコつけがち。余裕がなくても後輩には自分のおかげだと演出。

★2位★ 空

自分をよく見せるために無意識に取り繕ってしまい、持ち物や人脈でもちょっと自慢しがち。

★3位★ 下弦の月・真昼

憧れられたい下弦の月、先取りしすぎな真昼、どちらも高級や一流といったステータスに弱め。

EPILOGUE

★ おわりに ★

最後まで読んでいただき、ありがとうございます。

今年、今月、今日
“今”がどんな流れ《リズム》なのかを描いた

—天星術第四ステージ—
『星ひとみの天星術2024』いかがでしたでしょうか。

天星、天星ナンバー、様々な性質
沢山の星と、光と影。

本書を通じて、今この瞬間を知る。

自分の知らない側面に気づいたならば
すべてはチャンスに変わります。

『運命は変えられる』
私はそう信じています。

今の自分はどんな流れにあるのか
今は何をするのがベストなのか。

「天星術」を知り、運気のリズムに乗れば、あなたが描いた未来に
たくさんの笑顔が舞い込んできます。

2024年という1年、そしてこの1日を、
どう過ごしていこうかと悩んだとき、
迷ったときに、そっと開き参考にしてみてください。

「天星術占い、それは人生の道しるべ」

影の時期でも大丈夫。
決して怖がらず、
間違えたっていいんです。
間違えたからこそ見える世界もある。

雨が降るなら傘を持って
雪が降るなら装備ができる
あなたの歩む道のり
どんな地図も描いてゆけます。

今年1年の
あなたの人生に訪れる“光と影”。
本書から読みとり、どう感じ、どう捉えるか。

どんな瞬間も、
たとえ今見える景色がどんな世界でも、
あなたが生きているこの1秒は
これからの人生で一度しか見られない景色となる。

EPILOGUE

運気は、世界は、刻々と変わっていきます。
限られた生命、限られた時間。

あなたは
誰と過ごしたいですか？
何をしたいですか？

できることならば、皆様一人ひとりにお会いしたい気持ちですが
私が今、皆様のためにできることは何か
できる限りのエネルギーを皆様に届けられるように

たくさんの方々に光が届くように願いを込め、
各天星、天星ナンバーごと、赤白と一人ひとりの皆様に、
さらに深く届くよう、
細かく書かせていただきました。

本書を通じて、少しでも皆様の
お手伝いができたのなら幸いです。

ゆっくり深呼吸し
心を落ち着かせて。

小さな光を感じられるように
今あるすべてに感謝を。

あなたは幸せになれる人。

2024年

もう一度自分を信じ
もう一度幸せの選択を。

「天星術」

いつも心のそばに。
今年もあなたのお守りに。

皆様が少しでも素晴らしい1年を送れるよう
お祈りいたします。

あなたは“大丈夫”

それではまたお会いしましょう。

2023年 10月吉日　星ひとみ

STAFF

編集協力
高橋尚子
［KWC］
安井桃子、杉本真理、長谷和希子、
阿部雅美、梶原知恵、西島 恵

アートディレクション
松浦周作
[mashroom design]

ブックデザイン
石澤 縁
[mashroom design]

イラスト
miya

企画協力
中込圭介
［Gオフィス］

Star Eyes

本書カレンダー記載の祝日・休日は2023年10月現在のものです。
法律の改正等により変更になる場合があります。

PROFILE

星ひとみ

（ほし・ひとみ）

占い師。巫女の血筋をもつ家系に生まれる。東洋占星術や統計学、心理学などをもとにしたオリジナル運勢鑑定法「天星術」の開祖である。生まれながらの力と経験による知識から導き出す鑑定は圧倒的な的中率で人気を集め、各界に多くのファンをもつ。著書に『星ひとみの天星術』（小社）、『星ひとみの天星術超図鑑』『運気を金にする　幸せ上手さん習慣GOLD』（ともに小学館）などがある。

星ひとみオフィシャルブログ「Star Eye's」

星ひとみInstagram

@hoshi_hitomi722

星ひとみ事務局Instagram

@hoshi_hitomi_staff

StarEyes×YAMASAN

星ひとみの天星術2024
真昼〈太陽グループ〉

2023年10月25日　第1刷発行

著者　星ひとみ
発行人　見城 徹
編集人　菊地朱雅子
編集者　有馬大樹　三宅花奈　茂木 梓

発行所　株式会社 幻冬舎
〒151-0051
東京都渋谷区千駄ヶ谷4-9-7
電話 03(5411)6211［編集］
03(5411)6222［営業］
公式HP https://www.gentosha.co.jp/

印刷・製本所　中央精版印刷株式会社

検印廃止

Printed in Japan
ISBN978-4-344-04181-3 C0095

この本に関するご意見・ご感想は、
下記アンケートフォームからお寄せください。
https://www.gentosha.co.jp/e/